Uyan
İsrail

*"RAB'bin büyük ve
korkunç günü gelmeden önce Güneş kararacak,
ay kan rengine dönecek.
O zaman RAB'be yakaran herkes kurtulacak.
RAB'bin dediği gibi,
Siyon Dağı'nda ve Yeruşalim'de kurtulup
Sağ kalanlar arasında RAB'bin
çağıracağı kimseler olacak."*

(Yoel 2:31-32)

Uyan
İsrail

Dr. Jaerock Lee

Uyan İsrail, Yazar: Dr. Jaerock Lee
Urim Kitapları tarafından yayınlanmıştır (Temsilci: Johnny H. Kim)
361-66, Shindaebang-Dong, Dongjak-Gu, Seul-Kore
www.urimbooks.com

Yayınevinin yazılı izni olmadan bu yayının herhangi bir biçimde çoğaltılması, bilgisayar ortamında kullanılması, fotokopi yoluyla dağıtılması veya herhangi bir şekilde (elektronik, mekanik, kayıt) yayınlanması yasaktır.

Aksi belirtilmedikçe, tüm alıntılar Türkçe Kutsal Kitap'tan alınmıştır. Eski Antlaşma © The Bible Society in Turkey, 2001 Yeni Antlaşma © Thre Translation Trust, 1987, 1994, 2001

Telif Hakkı © 2020 Dr. Jaerock Lee
ISBN: 979-11-263-0612-1 03230
Çevirmen: Dr. Esther K. Chung. İzinle çevirmiştir.

Daha önce Kore dilinde Urim Kitapları tarafından 2007 yılında yayınlanmıştır.

İlk baskı Mart 2020

Editör: Dr. Geumsun Vin
Tasarım: Urim Kitapları Editoryal Büro
Seul, Kore'de Yewon Basımevi tarafından basılmıştır.
Daha çok bilgi için urimbook@hotmail.com

Önsöz

20. yüzyılın başlarında, hiç kimsenin o vakitler yaşamayı arzulamadığı Filistin'in kısır topraklarında, olağanüstü olaylar serisi gerçekleşti. Doğu Avrupa, Rusya ve dünyanın diğer ülkelerine yayılmış olan Yahudiler, devedikenlerinin bittiği, fakir, aç, hastalıklı ve eziyetli bu topraklara akın etmeye başladılar. Sıtma ve açlık sebebiyle yüksek ölüm oranına rağmen, Yahudiler yüksek imanlarını ve başarma hırslarını kaybetmediler ama kibutz (İsrail'de ortaklaşa kullanılan ve her türlü gelir ve işlerin paylaşıldığı çiftlik gibi bir yerleşim bölgesi) inşa etmeye başladılar. Tıpkı modern siyonizmin kurucusu Theodor Herzl'in "Eğer isterseniz, artık hayal değildir" dediği gibi, İsrail'in yeniden inşa edilmesi de bir gerçek oldu.

Aslında herkes İsrail'in yeniden inşa edilmesinin imkânsız bir rüya olduğunu düşünüyordu ve hiç kimsenin de inanmaya niyeti yoktu. Ama Yahudiler bu rüyayı gerçekleştirdiler ve İsrail'in doğuşuyla, takribi 1900 sene sonra mucizevî bir şekilde kendilerine ait bir devlete kavuştular.

Asırlar boyu süren zulüm ve zorluklara rağmen İsrail ulusu kendilerine ait olmayan topraklara dağılmışken, imanlarına, kültürlerine ve dillerine sıkı sıkıya tutundular ve sürekli geliştirdiler. Modern İsrail Devletinin kurulmasından sonra kısır toprakları terbiye ettiler ve ülkelerinin modern ülkeler arasında yerini alması için çeşitli sanayilerin gelişimi üzerinde önemle durdular. Bir devlet olarak ayakta olmalarına yapılan tüm meydan okumalara ve tehditlere karşı dimdik durabilen ve gelişebilen olağanüstü insanlardır.

Manmin Merkez kilisesinin 1982 yılında kurulmasından sonra, Tanrı bana Kutsal Ruh'un esinlemesiyle İsrail ile ilgili çok şey ifşa etti çünkü İsrail'in bağımsızlığı son günlerin bir işareti ve Kutsal Kitap'ta ki peygamberliğin yerine gelmesidir.

"RAB'bin sözünü dinleyin, ey uluslar! Uzaktaki kıyılara duyurun: 'İsrail'i dağıtan onu toplayacak, Sürüsünü kollayan çoban gibi kollayacak onu deyin" (Yeremya 31:10).

Tanrı, insanı yaratması ve yetiştirmesinin takdiri ilahisini ifşa etmek için İsrail halkını seçmişti. Her şeyden önce İbrahim'i "imanın babası" yapmış ve İbrahim'in torunu Yakup'u İsrail'in kurucusu olarak tesis etmişti. Tanrı, isteğini Yakup'un torunlarına ilan etmekte ve insanın yetiştirilmesinin takdiri ilahisini başarıyla gerçekleştirmektedir.

İsrail, Tanrı'nın sözüne inandığında ve itaatle O'nun isteğine göre yol aldığında, tüm uluslardan daha fazla görkemin ve onurun tadına varmıştır. Kendilerini Tanrı'dan uzaklaştırıp O'na itaatsizlik ettiklerinde ise, yabancı istilaları ya da halkının dünyanın dört bir yanında derbeder yaşamaya zorlanması gibi çeşitli zorluklarla karşılaşmıştır.

Hatta ve hatta İsrail kendi günahları yüzünden zorluklarla karşılaştığı zaman bile, Tanrı ne tamamen onlara sırtını dönmüş ne de onları unutmuştur. İsrail, İbrahim ile Tanrı'nın anlaşması sonucunda her zaman Tanrı'ya bağlı kalmıştır ve Tanrı asla onlar için çalışmaya bir son vermemiştir.

Tanrı'nın olağanüstü ilgi ve rehberliği altında bir halk olarak İsrail her zaman korunmuş, bağımsızlıklarını kazanmış ve bir kez daha tüm ulusların üzerinde bir ulus haline gelmiştir. İsrail halkı nasıl korunmuş ve İsrail niçin yeniden inşa edilmiştir?

Pek çok insan, "İsrail ulusunun hayatta kalması bir mucize!" der. İsrail halkının, diaspora zamanı katlanmak zorunda kaldıkları tasavvur dahi edilemez zulüm ve baskıların büyüklüğü gibi, İsrail tarihi de başlı başına Kutsal Kitap'ın gerçekliğini tasdik eder.

Ancak Yahudilerin çekmiş olduğu bu sıkıntı ve acılardan çok daha büyüğü, İsa Mesih'in İkinci Gelişini izleyen zamanda meydana gelecektir. Elbette ki İsa'yı Kurtarıcıları olarak kabul edenler bulutlarla göğe alınacak ve Rab ile birlikte Düğün Şölenine katılacaklardır. İsa'yı Kurtarıcıları olarak kabul etmeyenler, bulutlarla alınmayacak ve yedi yıllık Büyük Sıkıntı döneminde zorluklarla karşılaşacaklardır.

"Her Şeye Egemen RAB diyor ki, İşte o gün geliyor, fırın gibi yanıyor. Kendini beğenmişlerle kötülük yapanlar samandan farksız olacak; o gün hepsini yakacak. Onlarda ne kök, ne dal bırakılacak" (Malaki 4:1).

Tanrı bana çoktan Yedi Yıllık Büyük Sıkıntı dönemi sırasında ortaya çıkacak felaketleri detaylıca ifşa etti. Bu sebeple Tanrı'nın seçilmişleri olan İsrail halkının daha fazla gecikmeden yeryüzünde iki bin sene önce yürümüş olan İsa'yı Kurtarıcıları olarak kabul etmesi ve Büyük Sıkıntı zamanında geride bırakılmamaları benim en içten arzumdur.

Manmin Merkez Kilisesinin 25. yıldönümünde, Yahudilerin Mesih'e olan bin yıllık özlemlerine ve sürekli ortaya atılan asırlık sorularına cevap sağlayan bir yazı yazdım.

Bu kitabı okuyan her bireyin Tanrı'nın yoğun sevgi mesajını yüreklerine alması ve tüm insanlık için Tanrı'nın yolladığı Mesih'i hiç gecikmeden bağırlarına basmalarını dilerim.

Her birinizi tüm yüreğimle seviyorum.

Kasım 2007
Getsemane Dua Evi

Jaerock Lee

Giriş

Dünyanın son günlerin de *Uyan İsrail* adlı kitabı yayınlamamızda bize rehberlik eden ve bizleri kutsayan Tanrı'ya şükran ve övgüler olsun. Bu çalışma, İsrail'i uyandırmaya ve korumaya uğraşan Tanrı'nın isteğine göre yayınlanmış ve tek bir canı bile kaybetmeyi istemeyen Tanrı'nın ölçülemez sevgisiyle düzenlenmiştir.

1. Bölüm, "İsrail: Tanrı'nın Seçilmişleri", Tanrı'nın yeryüzünde insanı yaratması ve yetiştirmesinin nedenlerini ve insanlık tarihinde İsrail halkını Seçilmişleri olarak seçmesi ve yönetmesinin takdiri ilahisini inceler. Bu bölüm ayrıca Davut'un soyundan tüm insanların Kurtarıcısı olarak geleceği önceden bildirilen peygamberliğe göre Rab'bimiz yanı sıra İsrail'in büyük atalarını da tanıtır.

Mesih ile ilgili Kutsal Kitap peygamberliklerini inceleyerek, 2. Bölüm "Tanrı Tarafından Gönderilen Mesih," İsrail'in hala dört gözle beklediği Mesih'in İsa olduğunu ve toprağın kurtulma yasasına göre tüm insanlığın kurtarıcısı olma yetkinliğine nasıl sahip olduğunu anlatır. Ayrıca ikinci bölüm Eski Ahit peygamberliklerinin nasıl İsa tarafından tamamlandığını ve İsrail tarihiyle İsa'nın ölümü arasında ki ilişkiyi inceler.

Üçüncü bölüm, "İsrail'in İnandığı Tanrı", yasaya ve törelerine harfi harfine itaat eden İsrail ulusunu yakından inceler ve onlara Tanrı'nın nelerden hoşnut olduğunu açıklar. İlaveten, ataların töreleri yüzünden kendilerini Tanrı'nın isteğinden uzaklaştırdıklarını hatırlatan bu bölüm, onları ilk önce yasayı veren Tanrı'nın gerçek isteğini derinlemesine kavramaya ve yasayı sevgiyle tamamlamaya teşvik eder.

Son bölüm olan "İzle ve Dinle!", Kutsal Kitap'ın "son günler" olarak peygamberlik ettiği bizim zamanımızdır. Ayrıca yakında ortaya çıkacak Mesih karşıtıyla Yedi Yıllık Büyük Sıkıntı dönemi hakkında açıklama yapar. Dahası, insan ırkının yetiştirilmesinin son safhalarında Seçilmişlerine olan sonsuz sevgisiyle, Tanrı'nın, İsrail ulusu kurtuluşa nail olsun diye hazırladığı iki sırrını anlatır ve kurtuluş fırsatına sırtlarını dönmemeleri için İsrail halkına yalvarır.

İlk insan Âdem, itaatsizlik günahını işleyip Aden bahçesinden atıldığında, Tanrı onun İsrail topraklarında yaşamasını sağladı. İnsan ırkının yetiştirilme süreci sırasında Tanrı binlerce yıl bekledi ve bu gün gerçek çocuklarını kazanma umuduyla hala beklemektedir.

Geciktirilecek ve harcanacak zaman artık yoktur. Her birinizin yaşadığımız bu günlerin son günler olduğunu kavraması, Krallar Kralı ve Rablerin Rab'bi olarak dönecek Rab'bimizi karşılamaya hazırlanması için O'nun adıyla içtenlikle dua ediyorum.

Kasım 2007
Geum-sun Vin,
Yazı İşleri Müdürü

İçindekiler

Önsöz
Giriş

1. Bölüm
İsrail: Tanrı'nın Seçilmişleri

İnsan Irkının Yetiştirilmesinin Başlangıcı _ 3
Büyük Atalar _ 18
İsa Mesih'e Tanıklık Eden İnsanlar _ 36

2. Bölüm
Tanrı Tarafından Gönderilen Mesih

Tanrı'nın Mesih Vaadi _ 55
Mesih'in Yetkinlikleri _ 62
İsa'da Gerçekleşmiş Peygamberlikler _ 76
İsa'nın Ölümü ve İsrail İle İlgili Peygamberlikler _ 84

3. Bölüm
İsrail'in İnandığı Tanrı

Yasa ve Töre _ 93
Tanrı'nın Yasayı Vermesinin Gerçek Amacı _ 103

4. Bölüm
İzle ve Dinle!

Dünyanın Son Günlerine Doğru _ 123
On Ayak Parmağı _ 140
Tanrı'nın Değişmeyen Sevgisi _ 152

1. Bölüm

İsrail: Tanrı'nın Seçilmişleri

İnsan Irkının Yetiştirilmesinin Başlangıcı

İsrail halkını Mısır esaretinden kurtaran ve onları Kenan diyarında ki vaat edilen topraklara götüren, Tanrı'nın vekili ve İsrail halkının büyük lideri Musa, Yaratılış Kitap'ında ki sözlerine şu cümleyle başladı:

"Başlangıçta Tanrı göğü ve yeri yarattı" (1:1).

Tanrı, yeri ve göğü, yerin ve göğün içinde ki her şeyi altı günde yarattı ve yedinci gün dinlendi, o günü kutsadı ve kutsallaştırdı. Peki, Tanrı niçin göğü ve yeri, gökle yer içinde ki her şeyi yarattı? Neden insanı yarattı ve Âdem'den bu yana onların çoğalarak yeryüzünde yaşamasına izin verdi?

Tanrı Sonsuza Dek Sevgisini Paylaşabileceği İnsanları Kazanmaya Çalıştı

Yeri ve göğü yaratmadan önce, her şeye gücü yeten Tanrı içinde sesin olduğu bir ışık olarak sınırsız evrende bir başına vardı. Uzun bir yalnızlıktan sonra Tanrı, sevgisini sonsuza dek paylaşabileceği insanlara sahip olmayı istedi.

Tanrı sadece Kendisini Yaratan ilahi doğaya değil, ama

ayrıca sevinci, öfkeyi, kederi ve zevki hissettiği insani doğaya da sahiptir. Dolayısıyla başkalarına sevgisini vermeyi ve onların sevgisini almayı arzuladı. Kutsal Kitap'ta Tanrı'nın insani doğasına işaret eden pek çok gönderme vardır. İsraillilerin doğru eylemleri karşısında hoşnut ve memnun olur (Yasa'nın Tekrarı 10:15; Özdeyişler 16:7), ama günah işledikleri zaman acı çeker ve öfkelenir (Mısır'dan Çıkış 32:10; Çölde Sayım 11:1, 32:13).

Her bireyin yalnız olmayı arzuladığı zamanlar vardır ama yüreğini paylaşabileceği bir dostu varsa daha mutlu ve sevinçli olur. Tanrı, insan doğasına sahip olduğundan, sevgisini verebileceği, yüreğini derinlemesine kavrayacağı insanlara sahip olmayı istedi.

Bu geniş ama bir o kadar derin âlemde yüreğimi derinlemesine idrak eden, onlara sevgimi verip sevgilerini alabildiğim çocuklarımın olması sevinç kaynağı olmaz mı?

Bu yüzden seçim için Tanrı, gerçek çocuklarını elde etme planını yürürlüğe koydu. Bunun sonuna doğru Tanrı sadece ruhani dünyayı değil ama ayrıca insan ırkının yaşayabileceği fiziksel dünyayı da yarattı.

Bazıları şöyle düşünebilir: 'Göklerde hep itaat eden pek çok melek ve göksel varlık varken, Tanrı niçin insanı yaratma sıkıntısına girdi?' Birkaç meleğin dışında, göksel varlıkların çoğunluğu insana özgü unsurların en başında gelen sevgi alışverişinde bulunma özelliğine ve özgür iradeye sahip değillerdir. Bu göksel varlıklar robotlar gibidir. Buyrulana sevinç, öfke, keder veya haz duymadan itaat ederler. Yüreklerinin derinliklerinden gelen bir sevgiyi ne verebilir ne de böyle bir sevgiyi alırlar.

Farz edin ki iki çocuk olsun ve bunlardan biri duygularını, fikirlerini veya sevgisini hiç ifade etmeden her şeye itaat eden ve söylenilenleri yerine getiren bir çocuk olsun. Diğer çocuk ise, zaman zaman anne ve babasını özgür iradesiyle hayal kırıklığına uğratan, günahlarından çabuk tövbe eden, anne ve babasına sevgiyle bağlı olan ve çeşitli yollarla yüreğini ifade edebilen bir çocuk olsun. Bu iki çocuk arasından hangisini tercih ederdiniz? Muhtemelen ikinci anlattığım çocuğu seçerdiniz. Sizin için tüm işleri yerine getiren bir robotunuz olsa bile, içinizden hiç biri bir robotu çocuğuna değişmezdi. Aynı şekilde Tanrı'da, robot misali göksel varlık ve meleklerin yerine, mantığı ve duygularıyla kendine itaat eden insanı tercih eder.

Gerçek Çocuklarına Sahip Olmak İsteyen Tanrı'nın Takdiri İlahisi

İlk insan Âdem'i yarattıktan sonra, Tanrı Aden Bahçesini yarattı ve Âdem'i bu bahçeyi yönetmekte yetkin kıldı. Aden Bahçesinde her şey bolca mevcuttu ve Âdem kendi özgür iradesiyle ve Tanrı'nın verdiği yetkiyle bu bahçe üzerinde ki her şeyi yönetti. Ancak Tanrı'nın ona yasakladığı bir şey vardı.

"Ona, 'Bahçede istediğin ağacın meyvesini yiyebilirsin' diye buyurdu, Ama iyiyle kötüyü bilme

ağacından yeme. Çünkü ondan yediğin gün kesinlikle ölürsün" (Yaratılış 2:16-17).

Bu, Tanrı'nın Yaratan Tanrı ile yaratılan insan arasında tesis ettiği bir sistemdi. Âdem'in kendi özgür iradesiyle ve tüm yüreğiyle itaat etmesini arzuladı. Uzun bir zaman geçtikten sonra Âdem, Tanrı'nın sözlerini aklında tutmakta başarılı olamadı ve iyilikle kötülüğün bilgisini taşıyan ağaçtan yiyerek itaatsizlik günahını işledi.

Yaratılış 3'de Şeytan tarafından kışkırtılan yılanın Havva'ya "Tanrı gerçekten, 'Bahçedeki ağaçların hiçbirinin meyvesini yemeyin' dedi mi?" (a. 1) diye sorduğu ve Havva'nın da "Tanrı, Bahçenin ortasındaki ağacın meyvesini yemeyin, ona dokunmayın; yoksa ölürsünüz" (a. 2). diye cevapladığı bir sahne vardır.

Oysa Tanrı net bir şekilde Havva'ya, "ondan yediğin gün kesinlikle ölürsün" demesine rağmen, Havva bu buyruğu "ölürsünüz" diye değiştirdi.

Havva'nın Tanrı'nın buyruğunu yüreğiyle almadığını fark eden yılan ise, onun aklını çelmek için çok daha agresifleşmiş ve "Kesinlikle ölmezsiniz" diye yanıtlamıştı. "Çünkü Tanrı biliyor ki, o ağacın meyvesini yediğinizde gözleriniz açılacak, iyiyle kötüyü bilerek Tanrı gibi olacaksınız" (a. 5).

Şeytan, kadının aklına açgözlülükle nüfuz ettiğinde, iyilikle kötülüğün bilgisini taşıyan ağaç kadının gözüne farklı görünmeye başladı. Ağaç, gözlerine yiyecek olarak hoş ve lezzetli göründü. Havva, ağacın meyvesinden biraz yedikten sonra eşine verdi ve Âdem'de ondan yedi.

İşte Âdem ile Havva, Tanrı'nın sözüne itaat etmeme günahını böyle işlediler ve kesinlikle ölüme çarptırıldılar (Yaratılış 2:17). Burada "ölüm", vücutta nefes alıp verme işleminin sonlandığı bedensel ölüm değil ama ruhani ölümdür. İyilikle kötülüğün bilgisini taşıyan ağaçtan yedikten sonra, Adem'in çocukları oldu ve 930 yaşında öldü (Yaratılış 5:2-5). Sadece bu ayetten bile önceki "ölüm"ün fiziksel ölüm olmadığını görürüz.

Esasen insan, ruhun, canın ve bedenin bir karışımı olarak yaratılmıştı. Tanrı ile iletişim kurabildiği ruha sahipti. Canı ruhun kontrolü altındaydı ve bedeni de hem ruhu hem de canı için bir kalkan görevi görüyordu. Tanrı'nın buyruğuna uymadığı ve günah işlediği için ruhu öldü, böylece Tanrı ile olan iletişimi hasara uğradı. Yaratılış 2:17'de Tanrı'nın sözünü ettiği "ölüm" budur.

Günah işlemelerinden sonra Âdem ve Havva, güzel ve bolluk içinde olan Aden Bahçesinden kovuldular. Böylece tüm insan ırkı için zorluklar başlamış oldu. Artık eşini arzulamak zorunda kalan ve onun tarafından yönetilen kadın için doğum acısı artarken, erkek lanetlenmiş topraktan yaşamı boyu emek vermeden yiyecek yiyemez oldu (Yaratılış 3:16-17).

Bununla ilgili Yaratılış 3:23 bize şöyle der: *"Böylece RAB Tanrı, yaratılmış olduğu toprağı işlemek üzere Âdem'i Aden bahçesinden çıkardı."* Burada, "toprağı işlemek", sadece insanın yiyecek bulmak için zorluklarla karşılaşacağını değil ama ayrıca yeryüzünde yaşarken topraktan yaratılmış olan "insanın da yüreğini işleyip yetiştireceğine" işaret eder.

İnsan Irkının Yetiştirilmesi Âdem'in Günah İşlemesiyle Başlar

Âdem yaşayan bir canlı olarak yaratıldı ve yüreğinde hiç bir kötülük yoktu. Dolayısıyla yüreğini yetiştirmek zorunda kalmadı. Ama günah işledikten sonra Âdem'in yüreği lekelendi ve gerçek dışılık bulaştı. Bu sebeple günah işlemeden önce ki temiz yüreğine sahip olmak için yüreğini işleyip yetiştirmeye ihtiyaç duydu.

Âdem, Tanrı'nın gerçek bir çocuğu olarak doğmak, gerçek dışılık ve günahlarla bozulmuş yüreğini temiz bir yüreğe dönüştürmek için yüreğini yetiştirmek zorunda kaldı. Kutsal Kitap'ın, "Tanrı, yaratılmış olduğu toprağı işlemek üzere Âdem'i Aden bahçesinden çıkardı" demesi Tanrı'nın insan ırkını yetiştirme sürecine işaret eder.

Geleneksel olarak "yetiştirme" kelimesi, bir çiftçinin tohumları ekmesi, ürünlerine gözü gibi bakması ve hasadı alması süreci için kullanılır. İnsan ırkını yeryüzünde "yetiştirmek" ve "Tanrı'nın gerçek çocukları" olan iyi ürünü alabilmek için, Tanrı ilk tohum olan Âdem ile Havva'yı ekmiştir. Tanrı'ya itaatsizlik eden Âdem ile Havva'nın vesilesiyle sayısız insan doğmuştur ve Tanrı'nın insanı yetiştirmesi yoluyla, yüreklerini yetiştirerek sayısız insan ayrıca doğmakta ve Tanrı'nın kaybolan suretini yeniden elde etmektedirler.

Böylece "Tanrı'nın insan ırkını yetiştirmesi", Tanrı'nın gerçek çocuklarını elde etmek için, yaratılıştan yargı gününe kadar insan ırkının tarihini yönetme sürecine işaret eder.

Nasıl bir çiftçi ilk ekini ektikten sonra sellerin, kuraklığın, donun, dolunun ve zararlı böceklerin üstesinden geldikten sonra iyi bir hasat alıyorsa, Tanrı'da yeryüzünde ki yaşamları sırasında ölüme, hastalığa, ayrılığa ve diğer acılara katlanarak ilerleyen gerçek çocuklarına sahip olmak için her şeyi kontrol eder.

Tanrı'nın İyilikle Kötülüğün Bilgisini Taşıyan Ağacı Aden Bahçesine Yerleştirmesinin Sebebi

Bazı insanlar, "İnsanın günah işlemesine neden olan ve onları yıkıma sürükleyen iyilikle kötülüğün bilgisini taşıyan ağacı Tanrı niçin yerleşmiştir?" diye sorarlar. Tanrı'nın iyilikle kötülüğün bilgisini taşıyan ağacı yerleştirmesinin sebebi, insanı "görecelik" sahibi olmaya sevk eden olağanüstü takdiri ilahisinde yatar.

İnsanların pek çoğu, Aden Bahçesinde gözyaşı, keder, hastalık veya zorluk olmadığından, Âdem ile Havva'nın orada yaşamaktan mutlu olduğunu düşünür. Ancak ne Âdem ne de Havva gerçek mutluluğun ve sevginin ne olduğunu bilmiyorlardı çünkü Aden Bahçesinde görecelik hakkında hiçbir deneyimleri olmadan yaşıyorlardı.

Örneğin, aynı hediyeyi alan biri zengin ve diğeri fakir aileden gelen iki çocuğun tepkisi nasıl olur? Fakir aileden gelen çocuk, zengin çocuğa nazaran tüm yüreğiyle minnet ve sevinç duyar. Bir şeyin gerçek değerini anlıyorsanız, o şeyin tam zıttının ne olduğunu bilmeli ve tecrübe edinmiş olmalısınız. Ancak bir hastalıktan çekmişseniz, iyi bir sağlığın gerçek değerini bilebilirsiniz. Ancak ölüm ve cehennemden haberdar olursanız, sonsuz yaşamın değerini idrak edebilir ve size ebedi gökleri bahşeden sevgi Tanrı'sına tüm yüreğinizle şükranlarınızı sunabilirsiniz.

Bolluk içinde ki Aden Bahçesinde ilk insan Âdem, Tanrı'nın kendisine verdiği her şeyin, hatta ve hatta tüm canlıları yönetme yetkisinin tadına vardı. Ancak zahmetin ve alın terinin meyveleri olmadıklarından, Âdem tam anlamıyla kendi önemlerini kavrayamadı ve Tanrı'nın onlar için yaptıklarını takdir edemedi. Ancak Âdem bu dünyaya atılıp gözyaşını, kederi, hastalıkları, zahmeti, talihsizlikleri ve ölümü tecrübe edindikten sonra, sevinçle keder arasında ki farkı kavramaya ve Aden Bahçesinde Tanrı'nın verdiği özgürlük ve refahın ne kadar değerli olduğunu anlamaya başladı.

Eğer sevinci ve acıyı bilmeseydik sonsuz yaşamın bize ne faydası olabilirdi ki? Bir süreliğine zorluklarla karşı karşıya kalsak bile, sonradan "Bu sevinç verici!" diyebilir ve bunu kavrayabilirsek, yaşantılarımız tümüyle tüm zahmetlere değen ve kutsanmış yaşantılar olacaktır.

Okulda okumanın zorluğundan dolayı çocuklarını okula göndermeyip evde kalmalarını isteyen ebeveynler var mı? Eğer anne ve babalar çocuklarını gerçekten seviyorlarsa, çok daha iyi bir gelecek inşa etmeleri için onlara en zor konuları şevkle çalışmalarını ve çeşitli konuları deneyim etmelerini sağlayan okula gönderirler.

İnsan ırkını yaratan ve onları yetiştiren Tanrı'nın yüreği de aynıdır. Bu sebepten dolayı Tanrı, iyilikle kötülüğün bilgisini taşıyan ağacı yerleştirmiş, Âdem'in kendi özgür iradesiyle ağacın meyvesinden yemesine mani olmamış ve insan ırkının yetiştirilmesi sürecinde sevinci, öfkeyi, kederi ve hazzı yaşamasına izin vermiştir. Çünkü insan, ancak göreceliği tattığı ve gerçek sevgiyi, sevinci ve minneti derinlemesine kavradığında, Kendisi sevginin ve gerçeğin ta kendisi olan Tanrı'ya tüm yüreğiyle ibadet edebilir ve O'nu sevebilir.

İnsanın yetiştirilme sürecinin yoluyla Tanrı, Kendisinin yüreğini bilen, O'nun yüreğini izleyen gerçek çocuklarına sahip olmayı ve onlarla sonsuz ve gerçek sevgiyi paylaşarak göklerde yaşamayı istedi.

İnsanın Yetiştirilme Süreci İsrail'de Başlar

İlk insan Âdem, Tanrı'nın sözüne itaatsizlik günahını işleyip Aden Bahçesinden kovulduktan sonra, ona yaşayacağı toprağı seçme hakkı verilmedi, ama Tanrı onun için bir yer ayarladı. Bu yer İsrail'di.

Bunda Tanrı'nın isteği ve takdiri ilahisi yatar. İnsan ırkının yetiştirilmesinin büyük planının inşasından sonra Tanrı, insanın yetiştirilmesinin bir modeli olarak İsrail halkını seçti. Bu sebepten dolayı Tanrı, Âdem'in özellikle İsrail Ulusunun inşa edileceği topraklarda yeni bir hayata başlamasına izin verdi.

Zaman geçtikçe Âdem'in torunlarından sayısız ulus meydana geldi ve İsrail ulusu İbrahim'in torunlarından Yakup tarafından inşa edildi. Tanrı, İsrail tarihinin vesilesiyle görkemini ve insanı yetiştirme sürecinin takdiri ilahisini ifşa etmeyi istedi. Bunu sadece İsrail halkına değil ama tüm dünya halklarına ifşa etmeyi istedi. Bu sebeple Tanrı'nın Kendisinin yönetimi altında olan İsrail tarihi sadece bir ulusun tarihi değil ama ayrıca tüm insanlığa gönderilen ilahi bir mesajdır.

Öyleyse Tanrı niçin İsrail'i insan ırkının yetiştirilmesinin bir modeli olarak seçmiştir? Bunun nedeni onların üstün karakter özellikleridir. Yani, onların iç dünyasının mükemmelliğidir.

İsrail, Tanrı'nın hoşnut kaldığı İbrahim'in, yani 'imanın babasının' torunlarıdır ve ayrıca Tanrı için çabalamakta oldukça azimli olup kendini başarıyla ispatlayan Yakup'un da torunlarıdır. Bu sebeple, asırlar boyu anavatanlarını kaybetmiş ve dağınık bir yaşam sürmüş olsalar da, İsrail halkı kimliğini kaybetmemiştir.

Hepsinden de önemlisi, binlerce yıl boyunca İsrail halkı, Tanrı adamları tarafından peygamberlikle bildirilen Tanrı sözünü muhafaza etmiş ve söze göre yaşamışlardır. Elbette ki tüm ulus olarak kendilerini Tanrı'dan uzaklaştırdıkları ve Tanrı'ya karşı günah işledikleri zamanlarda olmuştur ama sonunda tövbe edip yine Tanrı'ya dönmüşlerdir. Hiçbir zaman RAB'leri Tanrı'ya olan imanlarını kaybetmemişlerdir.

20. yüzyılda bağımsız İsrail'in tekrar kurulmuş olması net bir şekilde Yakup'un torunları olarak onların nasıl bir yüreğe sahip olduğunu gösterir.

Hezekiel 38:8 bize şöyle der: *"Uzun zaman sonra savaşa çağrılacaksın. Gelecek yıllarda, halkı birçok ulustan uzun zamandır ıssız kalmış İsrail dağlarında toplanmış, savaştan rahata kavuşmuş bir ülkeye saldıracaksın. Uluslar arasından çıkarılmış olan bu halk, şimdi güvenlik içinde yaşıyor."* Burada "gelecek yıllar", insanın yetiştirilme sürecinin sonuna gelindiği son günlere ve "İsrail dağları" ise, denizden takribi 760 metre yükseklikte olan Yeruşalim kentine işaret eder.

Bu sebeple peygamber Hezekiel'in, "halkı birçok ulustan uzun zamandır ıssız kalmış İsrail dağlarında toplanmış," sözü, tüm dünyada ki İsraillilerin bir araya gelip İsrail devletini kurmaları anlamına gelir. Tanrı'nın bu sözüne göre M.S. 70 yılında Romalılar tarafından yok edilen İsrail, 14 Mayıs 1948 tarihinde bağımsızlığını ilan etmiştir. O zamanlar toprak içler acısı bir durumdayken, İsrailliler başkalarının gözden kolayca kaçırıp meydan okuyamayacağı güçlü bir devlet haline dönüştürmüşlerdir.

Tanrı'nın İsrail'i Seçmesinin Amacı

Tanrı neden insan ırkının yetiştirilme sürecine İsrail topraklarında başlamıştır? Tanrı neden İsrail halkını seçmiş ve İsrail tarihini yönetmiştir?

Öncelikle Tanrı, İsrail'in tarihiyle Kendisinin yeri ve göğü yaratan Tanrı olduğunu, sadece Kendisinin gerçek ve yaşayan Tanrı olduğunu tüm uluslara duyurmayı istemiştir. İsrail halkından olmayanlar bile İsrail tarihini okuyarak kolayca Tanrı'nın mevcudiyetini hisseder ve insan ırkının tarihini yönetme takdiri ilahisini derinlemesine anlarlar.

Yeryüzündeki bütün uluslar RAB'be ait olduğunuzu görecek, sizden korkacaklar (Yasa'nın Tekrarı 28:10).

Ne mutlu sana, ey İsrail! Var mı senin gibisi? Sen RAB'bin kurtardığı bir halksın. RAB seni koruyan kalkan Ve şanlı kılıcındır. Düşmanların senin önünde küçülecek Ve sen onları çiğneyeceksin (Yasa'nın Tekrarı 33:29).

Tanrı'nın seçilmişi olan İsrail, büyük bir imtiyazın tadını çıkarmıştır ve bunu İsrail tarihinde kolayca görebiliriz.

Örneğin Rahav, Yeşu'nun Kenan diyarında casusluk yapması için gönderdiği iki adamı karşıladığında, onlara şöyle demiştir: *"Çünkü Mısır'dan çıktığınızda RAB'bin Kızıldeniz'i önünüzde nasıl kuruttuğunu, Şeria Irmağı'nın ötesindeki Amorlu iki krala-Sihon ve Og'a-neler yaptığınızı, onları nasıl yok ettiğinizi duyduk. Bunları duyduğumuzda korkudan dizlerimizin bağı çözüldü. Sizin korkunuzdan kimsede derman kalmadı. Çünkü Tanrınız RAB hem yukarıda göklerde, hem de aşağıda yeryüzünde Tanrı'dır"* (Yeşu 2:10-11).

İsraillilerin Babil'de ki tutsaklığı esnasında Daniel, Tanrı ile birlikte yürümüş ve Babil Kralı Nebukadnessar ise Daniel'in birlikte yürüdüğü Tanrı'yı hissetmişti. Tanrı'yı hissettikten sonra kral sadece şöyle dedi: *"Ben Nebukadnessar Göklerin Kralı'na şükrederim. O'nu över, yüceltirim. Çünkü bütün yaptıkları gerçek, yolları doğrudur; kendini beğenmişleri alçaltmaya gücü yeter"* (Daniel 4:37).

Aynı şey, İsrailliler, Perslerin hükmü altındayken de oldu. Yaşayan Tanrı'nın işbaşında olduğunu görerek ve kraliçe Ester'in duasına yanıt vererek, *"Ülkedeki halklardan çok sayıda kişi Yahudi oldu; çünkü Yahudi korkusu hepsini sarmıştı"* (Ester 8:17).

Böylece, İsrailliler için çalışmakta olan yaşayan Tanrı'yı diğer ulustan insanlar hissettikçe hepsini korku saldı ve Tanrı'ya ibadet ettiler. Hatta gelecek nesiller olan bizlerde Tanrı'nın haşmetini böylece anlar ve O'na ibadet ederiz.

İkinci olarak, Tanrı, İsrail tarihinin vesilesiyle insanları yaratmış ve onları yetiştirmekte olduğunu tüm insanlar kavrasınlar diye İsrail'i seçmiş ve onlara rehberlik etmiştir.

Tanrı insanı yetiştirir çünkü gerçek çocuklarına sahip olmak ister. Tanrı'nın gerçek çocuğu, özünde iyilik ve sevgi olan, kutsal ve doğru olan Tanrı'yı izleyen kişidir. Tanrı'nın bu çocukları O'nu sever ve O'nun isteğine göre yaşarlar.

İsrailliler Tanrı'nın buyruklarına göre yaşayıp O'na hizmet ettiklerinde, Tanrı İsraillileri tüm halkların ve ulusların üstünde tutmuştur. Ama ne zaman ki İsrailliler putlara tapıp hızla Tanrı'dan uzaklaşmışlar, o zaman savaş, doğal afet ya da tutsaklık gibi felaketlerle yüz yüze kalmışlardı. Tüm bu süreçlerin her bir adımında İsrailliler kendilerini alçakgönüllü bir konuma indirgemeyi öğrenmiş ve Tanrı'da tükenmeyen merhamet ve sevgisini tekrar tesis etmiş ve onları görkeminin kollarına taşımıştı.

Kral Süleyman Tanrı'yı sevdiği ve O'nun buyruklarına uyduğu zaman, ihtişam ve görkemin tadına vardı. Ama ne zaman kendini Tanrı'dan uzaklaştırdı ve putlara tapındı, o zaman tadına vardığı görkem ve ihtişam sönüp gitti. Davut, Yehoşafat ve Hizkiya gibi İsrail kralları Tanrı'nın yasası üzerinde yürüdüklerinde, ülkeleri güçlendi ve gelişerek büyüdü. Ama Tanrı'nın yolundan sapan kralların yönetimi altında ülkeleri zayıfladı ve yabancı istilalara maruz kaldı.

İsrail tarihi sade bir şekilde Tanrı'nın isteğini ortaya koyar ve tüm halklarla uluslara Tanrı'nın isteğini yansıtan bir ayna görevini görür. Tanrı, Tanrı'nın sureti ve benzerliğinde yaratılan insanlar Buyruklarını tuttuğunda ve O'nun Sözüne göre kutsallaştıklarında, Tanrı'nın kutsamalarını alacaklarını ve O'nun lütuflarıyla yaşayacaklarını duyurmaktır.

İsrail, tüm uluslar ve halklar arasından Tanrı'nın takdiri ilahisini ortaya sermek için seçilmiş ve Tanrı'nın Sözünden sorumlu kâhinler ulusu olarak O'na hizmetlerinde olağanüstü kutsanmışlardır. Halkı günah işlediğinde bile Tanrı onların büyük atalarına vaat ettiği gibi, onların günahlarını affetmiş ve alçakgönüllü bir yürekle tövbe ettikleri sürece onların eski hallerine dönmelerini sağlamıştır. Hepsinden de önemlisi, seçilmişleri için Tanrı'nın sakladığı ve vaat ettiği en büyük kutsama, Mesih'in onların arasından çıkacağına dair verdiği muhteşem vaadidir.

Büyük Atalar

İnsan ırkının uzun tarihi boyunca, Tanrı İsrail'i kanatları arasına alıp korumuş ve İsrail ismi silinip gitmesin diye belli zamanlarda Tanrı adamlarını göndermiştir. Tanrı'nın adamları, Tanrı'nın insan ırkını yetiştirmesinde ki takdiri ilahisine uygun, O'na olan sevgileriyle Tanrı'nın sözüne uyan kişilerdir. Tanrı, İsrail'in büyük ataları vesilesiyle İsrail ulusunun temelini atmıştır.

İmanın Atası İbrahim

İbrahim, imanı ve itaatiyle imanın babası unvanını almış ve büyük bir ulusun doğması için ilk adımları atmıştı. Dört bin sene önce Kildanilerin Ur kentinde doğmuştu. Tanrı tarafından çağrıldıktan sonra O'nun sevgi ve takdirini öylesine kazandı ki, Tanrı'nın "dostu" olarak çağrıldı.

Tanrı, İbrahim'i çağırarak ona şu vaatte bulundu:

> *"Ülkeni, akrabalarını, baba evini bırak, sana göstereceğim ülkeye git"* dedi, *Seni büyük bir ulus yapacağım, Seni kutsayacak, sana ün kazandıracağım, Bereket kaynağı olacaksın"* (Yaratılış 12:1-2).

O vakitler İbrahim artık genç bir adam değildi, bir varisçisi yoktu ve nereye gideceğini bilmiyordu. Dolayısıyla itaat etmesi kolay bir şey değildi. Her ne kadar nereye gideceğini bilmiyor olsa da, sadece ve bütünüyle vaatlerini asla bozmayan Tanrı'nın sözüne güvenerek yola çıktı. Bu şekilde İbrahim tüm yaptığı her iş de imanla ilerledi. Yaşamı boyunca Tanrı'nın vaat ettiği tüm kutsamalara nail oldu.

İbrahim, Tanrı'ya sadece mükemmel bir itaat ve imanın eylemlerini göstermekle kalmadı ama ayrıca her zaman çevresinde ki insanlara karşı iyiliğin ve barışın yolunu izledi.

Örneğin, Tanrı'nın buyruğuyla Harran'ı terk ettiğinde, yeğeni Lot'da onunla birlikte geldi. Malları çoğalınca, toprak İbrahim ile Lot'un bir arada yaşamalarına elvermedi. Otlakların ve suyun yetersizliğinden İbrahim'in çobanlarıyla Lut'un çobanları arasında kavga çıktı (Yaratılış 13:7). İbrahim çok daha yaşlı olmasına rağmen ne kendi çıkarını aradı ne de çıkarları üzerinde ısrarcı oldu. Yeğeni Lot'un çok daha iyi bir toprağa yerleşmesi için rıza gösterdi. Yaratılış 13:9'da Lot'a şöyle dedi: *"Bütün topraklar senin önünde. Gel, ayrılalım. Sen sola gidersen, ben sağa gideceğim. Sen sağa gidersen, ben sola gideceğim."*

Ve İbrahim temiz yürekli bir insan olduğundan, bir iplik, bir çarık bağı ya da başkasına ait olan herhangi bir şeyi almadı (Yaratılış 14:23). Tanrı, günah çukuruna batmış Sodom ve Gomora şehirlerinin yok olacağını söylediğinde, ruhani sevginin adamı İbrahim, kentte on doğru kişi olduğu takdirde Tanrı'nın kenti yok etmeyeceğine dair sözünü aldı.

İbrahim'in iyiliği ve imanı, Tanrı'nın tek ve yegâne oğlunu yakmalık sunu olarak vermesini buyurmasına riayet etme noktasında mükemmeldi.

Yaratılış 22:2'de Tanrı İbrahim'e şöyle buyurdu: *"İshak'ı, sevdiğin biricik oğlunu al, Moriya bölgesine git. Orada sana göstereceğim bir dağda oğlunu yakmalık sunu olarak sun."* İshak, İbrahim yüz yaşındayken doğmuştu. İshak doğmadan önce Tanrı zaten İbrahim'e kendi canından gelecek olanın varisçisi olacağını ve torunlarının göklerde ki yıldızlara eşit olacağını söylemişti. Eğer İbrahim'de benliğin düşünceleri olsaydı, Tanrı'nın buyruğuna uymaz ve İshak'ı sunmazdı. Ancak İbrahim hiçbir sebep göstermeden hemen itaat etti.

Sunağı hazırlayıp ta oğlunu kurban etmek için elini kaldırdığında, Tanrı'nın bir meleği ona seslendi ve şöyle dedi: *"İbrahim, İbrahim! Çocuğa dokunma. Ona hiçbir şey yapma. Şimdi Tanrı'dan korktuğunu anladım, biricik oğlunu benden esirgemedin"* (Yaratılış 22:11-12). Nasıl da dokunaklı ve kutsamayla dolu bir sahne!

Asla benliğin düşüncelerine sırtını dayamadığından, İbrahim'in yüreğinde huzursuzluk ya da endişe yoktu ve imanla Tanrı'nın buyruğuna itaat etti. Tüm yüreğiyle verdiği tüm vaatleri yerine getiren sadık Tanrı'ya, ölüyü dirilten her şeye gücü yeten Tanrı'ya ve Çocuklarına sadece iyi şeyler vermeyi isteyen sevgi Tanrı'sına güvendi. İbrahim'in yüreği sadece itaatle dolu olduğundan ve imanın eylemini gösterdiğinden, Tanrı İbrahim'i imanın babası kabul etti.

Bunu yaptığın için, biricik oğlunu esirgemediğin için; seni fazlasıyla kutsayacağım; soyunu göklerin yıldızları, kıyıların kumu kadar çoğaltacağım. Soyun düşmanlarının kentlerini mülk edinecek. Soyunun aracılığıyla yeryüzündeki bütün uluslar kutsanacak. Çünkü sözümü dinledin (Yaratılış 22:16-18).

İbrahim, Tanrı'nın hoşnut olduğu büyüklükte bir iyilikle imana sahip olduğundan, Tanrı'nın "dostu" diye çağrıldı ve imanın babası olarak görüldü. Ayrıca Tanrı'nın onu ilk çağırdığında, *"Seni kutsayanları kutsayacak, Seni lanetleyeni lanetleyeceğim. Yeryüzündeki bütün halklar Senin aracılığınla kutsanacak"* (Yaratılış 12:3) şeklinde ki vaadi gibi, tüm uluslarında babası ve kutsama kaynağı oldu.

İsrail'in Atası Yakup'un ve Düşlerin Yorumcusu Yusuf'un Vesilesiyle Tanrı'nın Takdiri İlahisi

İshak, imanın babası İbrahim'e doğdu ve Esav ile Yakup'ta İshak'ın iki oğlu olarak doğdular. Tanrı, yüreği kardeşine nazaran daha üstün olan Yakup'u annesinin rahminde seçti. Daha sonra Yakup'a "İsrail" adı verildi ve İsrail ulusuyla on iki oymağın babası oldu.

Yakup, kendinden büyük erkek kardeşi Esav'ın ilk oğulluk hakkını ekmekle mercimek çorbası karşılığında satın alma ve babaları İshak'ı aldatarak kardeşi Esav'ın kutsamalarını kapma derecesinde, Tanrı'nın kutsamalarını ve ruhani meseleleri arzuladı. Yakup'un içinde aldatıcı vasıflar vardı ama Tanrı bir kere dönüştürüldüğünde onun çok iyi bir kap olacağını biliyordu. Bu sebeple, Tanrı, Yakup'un 20 yıllık bir sınama devresinden geçmesine izin verdi ki, kendilik duygusu yıkılsın ve alçakgönüllü bir konuma gelebilsin.

Yakup, hilekâr yollarla ağabeyi Esav'ın ilk oğulluk hakkını aldığında, Esav onu öldürmeyi denedi ve Yakup'ta ağabeyinden kaçmak zorunda kaldı. Bunun üzerine Yakup dayısı Lavan ile yaşamak ve koyunlara ve keçilere bakmak zorunda kaldı. Dayısının koyun ve keçilerine bakarken zahmet çekmek zorunda kaldı. Böylece Yaratılış 31:40'de şu itirafta bulundu: *"Öyle bir durumdaydım ki, gündüz sıcak, gece kırağı yedi bitirdi beni. Gözüme uyku girmedi."*

Tanrı, insanların ektiklerini biçmesini sağlayarak geri öder. Yakup'un sadakatle bunları yaptığını gördü ve onu büyük bir servetle kutsadı. Tanrı ona anayurduna dönmesini söylediğinde, Yakup Lavan'ı terk etti ve ailesi ve mallarıyla evin yolunu tuttu. Yabbuk Irmağına ulaştıklarında, ırmağın karşı kıyısında 400 adamıyla birlikte olan Esav'ı duydu.

Yakup, dayısı Lavan ile yaptığı anlaşma dolayısıyla geri dönemezdi. Ama aynı zamanda intikam duygusuyla yanan Esav'ın bulunduğu yöne doğru da gidemezdi. Böylesi bir çıkmaz içinde, Yakup kendi bilgisine dayanmak yerine, her şeyi tamamen duayla Tanrı'ya teslim etmeye karar verdi. Kendini tamamen her türlü düşünceden arındırarak, uyluk kemiğini yerinden oynatacak kadar içten bir duayla Tanrı'dan diledi.

Yakup, Tanrı için çabalayıp kendini ispatladığından Tanrı'da onu şu sözlerle kutsadı: *"Artık sana Yakup değil, İsrail denecek"* dedi, *"Çünkü Tanrı'yla, insanlarla güreşip yendin"* (Yaratılış 32:28). Böylece Yakup, ağabeyi Esav'la da barıştı.

Tanrı'nın Yakup'u seçmesinin sebebi, Yakup'un sınamalar sırasında oldukça azimli ve doğru olmasıydı. Böylece İsrail tarihinde önemli bir rol üstlenecek iyi bir kap olabilirdi.

Yakup'un on iki oğlu oldu ve bu on iki oğul, İsrail ulusunun temelini oluşturdular. Ancak hala basit birer oymak olduklarından, Yakup'un torunlarından büyük bir ulus meydana gelene dek Tanrı onların o zamanlar çok güçlü bir ülke olan Mısır'ın sınırları içersinde yaşamasını planladı.

Plan, onları diğer uluslardan korumak isteyen Tanrı'nın sevgisinin bir ürünüydü. Bu anıtsal görev için güvenilen kişi, Yakup'un 11. oğlu Yusuf'tu.

12 oğlu arasında Yakup, Yusuf'a çok düşkündü. Yusuf'a renkli tunikler giydirirdi. Yusuf, erkek kardeşlerinin nefret ve kıskançlıklarının hedefi haline geldi ve 17 yaşındayken Mısır'a köle olarak satıldı. Ama asla yakınmadı veya kardeşlerine asla tepeden bakmadı.

Yusuf, firavunun bir görevlisine, muhafız birliği komutanı Potifar'a satıldı. Gayret ve sadakatle çalışarak Potifar'ın beğeni ve güvenini kazandı. Böylece Yusuf, Potifar'ın evinin denetçisi oldu ve evde ki her şey kendisine emanet edildi.

Ancak bir problem çıktı. Yusuf yakışıklı bir gençti ve Potifar'ın karısı onu baştan çıkarmaya kalktı. Yusuf doğru bir insan olduğundan ve içtenlikle Tanrı'dan korktuğundan, kendisini baştan çıkarmaya kalktığında kadına hiç çekinmeden şöyle dedi: *"Nasıl böyle bir kötülük yapar, Tanrı'ya karşı günah işlerim?"* (Yaratılış 39:9)

Buna rağmen Potifar'ın akıldışı suçlamalarıyla Yusuf, kralın suçlularının tutulduğu zindana atıldı. Hatta zindanda bile Tanrı onunla birlikteydi ve ondan yanaydı. Kısa bir süre içersinde Yusuf'a zindanın yönetimi verildi.

Yusuf, karşısına çıkan bu basamaklarla, daha sonra bir ulusu yönetecek, siyasi görüşlerini yetiştirecek ve yüreğinde pek çok insanı kucaklayacağı büyük bir kap olabilme bilgeliğini kazanabildi.

Firavun'un rüyalarını yorumladıktan ve hatta Firavun ile halkının karşılaşacağı büyük sorunlara çözümler sunduktan sonra, Yusuf, Firavun'dan sonra Mısır'ı yöneten kişi konumuna geldi. Böylece Tanrı'nın derin takdiri ilahisi ve Yusuf'a verilen sınamalarla, Tanrı, Yusuf'u 30 yaşında o zamanın en güçlü uluslarından biri olan Mısır'ın yönetimine getirdi.

Firavun'un rüyalarının tahmininde olduğu gibi, Mısır'ı da kapsamak üzere Yakın Doğu'yu yedi yıllık bir kıtlık vurdu. Böylesi bir olaya çoktan hazırlanmış olduğundan, Yusuf tüm Mısırlıları kurtardı. Yusuf'un erkek kardeşleri de yiyecek bulmak için Mısır'a geldi. Kardeşleri Yusuf'la birleşti ve ailenin diğer üyeleri de bolluk içinde yaşayacakları ve İsrail ulusunun doğuş yolunun açılacağı Mısır'a yerleştiler.

Mısır: Mısır'dan Çıkış'ı Gerçeğe Dönüştüren Büyük Bir Lider

Mısır'a yerleştikten sonra, İsrail'in torunları sayıca refah içinde çoğaldı ve kısa zamanda kendi uluslarını kuracak kadar çok sayıya eriştiler. Yusuf'u bilmeyen yeni kral göreve geldiğinde, İsrail'in torunlarına ve onların refah düzeyine karşı gardını aldı. Kral ve saray görevlileri kısa bir süre içersinde İsrailliler'i amansızca çalıştırmaya başladılar. Her türlü tarla işi, harç ve kerpiç yapımı gibi ağır işlerle yaşamı onlara zehir ettiler. Bütün işlerinde onları amansızca kullandılar (Mısır'dan çıkış 1:13-14).

"Ama Mısırlılar [İsraillilere] baskı yaptıkça İsrailliler daha da çoğalarak bölgeye yayıldılar." Bunun üzerine Firavun, yeni doğan İbrani çocuklarının öldürülmesi emrini verdi. Esaretlerinden dolayı yardım için İsraillilerin yakarışlarını duyan Tanrı, İbrahim, İshak ve Yakup ile olan anlaşmasını hatırladı.

Bir yabancı olarak yaşadığın toprakları, bütün Kenan ülkesini sonsuza dek mülkünüz olmak üzere sana ve soyuna vereceğim. Onların Tanrısı olacağım (Yaratılış 17:8).

İbrahim'e, İshak'a verdiğim toprakları sana verecek, senden sonra da soyuna bağışlayacağım (Yaratılış 35:12).

Tanrı, İsrail'in çocuklarını acılarından çekip çıkarmak ve onları Kenan diyarına getirmek için, Kendisinin buyruklarına koşulsuz itaat edecek ve Halkına Kendisinin yüreğiyle rehberlik edecek bir adamı hazırladı.

Bu kişi Musa'ydı. Musa'nın anne ve babası onu 3 aylık olana dek saklamayı başarabilmişlerdi ama daha fazla saklayamayacaklarını anladıklarında Musa'yı hasır bir sepetin içine koyup Nil kıyısındaki sazlığa bıraktılar. Firavun'un kızı sepetin içinde ki bebeği fark edip yanına almaya karar verdiğinde, uzaktan seyreden Musa'nın kız kardeşi çıkıp gelerek Musa'nın öz annesini İbrani sütnine olarak tavsiye etti.

Böylece Musa, öz annesi tarafından sarayda büyütüldü ve doğal olarak Tanrı'yı, İsraillileri ve halkını öğrenerek büyüdü.

Sonra bir gün bir İbrani'nin bir Mısır'lı tarafından dövülmesine şahit oldu. Öfkeyle Mısır'lıyı öldürdü. Bu haber yayılınca Musa Firavun'dan uzaklaşarak Midyan'a kaçtı. 40 yıl boyunca koyun otlattı. Tüm bunlar, Tanrı'nın Musa'yı Mısır'dan Çıkış'ın lideri yapmak için eğitmesinin ve Tanrı'nın takdiri ilahisinin bir parçasıydı.

Tanrı'nın seçim günü geldiğinde, Musa'yı çağırdı ve Musa'dan İsraillileri Mısır'dan çıkarıp süt ve bal akan Kenan diyarına götürmesini buyurdu.

Firavun katı bir yüreğe sahip olduğundan, Musa yoluyla bildirilen Tanrı'nın buyruğunu dinlemedi. Bunun bir sonucu olarak, Tanrı, Mısır'ın başına on bela saldı ve güç kullanarak

İsraillileri Mısır'dan çıkardı. Ancak yeni doğan erkek çocuklarının ölmesi üzerine Firavun ve halkı Tanrı'nın karşısında dizlerinin üzerine çöktüler ve İsraillilerde esaretten kurtularak özgürlüklerine kavuşabildi. Tanrı'nın bizzat Kendisi İsraillilerin attığı her adımda onlara rehberlik etti; Tanrı, kuru toprak üzerinde ilerlesinler diye Kızıl Denizi ortadan ikiye ayırdı. İçecekleri su yokken, Tanrı bir kayadan tatlı suyun fışkırmasını sağladı ve yiyecekleri yemekleri yokken, onlara man ve bıldırcın yolladı. Tanrı, çölde ki 40 yıl boyunca binlerce İsraillinin hayatta kalmasını güvence altına almak için Musa yoluyla bu mucize ve harikaları gerçekleştirdi.

Sadık Tanrı, Musa'nın halefi Yeşu'nun vasıtasıyla İsrail halkının Kenan diyarına varmasını sağladı. Tanrı, Yeşu ve halkının Şeria Irmağından geçmesine yardım etti ve onların Eriha kentini fethetmelerine izin verdi. Ve Tanrı Kendi yoluyla, süt ve bal akan Kenan diyarını fethetmelerine ve toprakların çoğunu ele geçirmelerine izin verdi.

Elbette ki Kenan diyarının fethi sadece İsraillilerin kutsanması için değil, ama ayrıca günah ve kötülük batağına saplanmış Kenan halkına karşı da doğru yargısının bir sonucuydu. Kenan diyarının halkı feci yozlaşmıştı ve yargılanmak zorundaydılar. Dolayısıyla Tanrı'nın adaleti İsraillilerin ülkeyi ele geçirmesine izin verdi.

Tıpkı Tanrı'nın İbrahim'e, *"Soyunun dördüncü kuşağı buraya geri dönecek"* (Yaratılış 15:16) dediği gibi, İbrahim'in torunları olan Yakup ve oğulları Mısır'ı Kenan diyarı için terk ettiler ve oraya yerleştiler. Onların torunları Kenan diyarına geri döndüler.

Davut'un Kurduğu Güçlü İsrail

Kenan diyarının fethinden sonra, Tanrı, İsrail'i hâkimler devri sırasında hâkimler ve peygamberler tarafından yönetti ve sonra İsrail bir krallık oldu. Tanrı'yı her şeyin üzerinde seven Kral Davut'un devrinde, bir ulus için gerekli temeller tesis edildi. Davut gençliğinde dev cüsseli bir Filistli savaşçıyı sapanı ve çakıl taşıyla öldürmüştü. Savaş meydanında gösterdiği hizmetinin karşılığında Davut'a Saul'un ordusunda yüksek bir rütbe verildi. Filistlileri yenilgiye uğrattıktan sonra eve dönerken, pek çok kadın tef çalıp oynuyor ve şöyle diyorlardı: "Saul binlercesini öldürdü, Davut'sa on binlercesini." Ve tüm İsrailliler Davut'u sevmeye başladı. Kral Saul, kıskançlığı yüzünden Davut'u öldürme planları yaptı.

Saul böyle planlar yapa dursun, Davut'un eline kralı öldürmek için iki fırsat çıksa da, o, Tanrı'nın bizzat Kendisi tarafından kral mesh edildiğinden öldürmeyi reddetti. Krala sadece iyilikle karşılık verdi. Bir keresinde Davut yüzünü yere kadar eğip kralın önünde secde ederek ona şöyle dedi: *"Ey baba, cüppenin eteğinden kesilmiş, elimdeki şu parçaya bak; evet, bak! Cüppenden bir parça kestim, ama seni öldürmedim. Bundan ötürü içimde kötülük ve başkaldırma düşüncesi olmadığını iyice bilesin. Sana kötülük yapmadığım halde sen beni öldürmeye çalışıyorsun"* (1. Samuel 24:11).

Tanrı'nın yüreğinin peşinde ki adam olan Davut, kral

olduktan sonra dahi her şeyde iyiliğin yolunu izledi. Onun krallığı döneminde ülke adaletle yönetildi ve krallık güçlendi. Tanrı, kralla birlikte yürüdüğünden, Davut komşu Filistliler, Moavlılar, Amalekliler, Amorlular ve Edomlulara karşı hep zafer kazandı. İsrail'in hudutlarını genişletti ve savaş ganimetleri krallığının zenginliğine zenginlik kattı. Dolayısıyla refah döneminin tadına vardı.

Davut ayrıca Ahit Sandığını Yeruşalim'e taşıdı, kurban sunuları için işlemleri düzenledi ve RAB Tanrı'ya olan imanı güçlendirdi. Kral ayrıca Yeruşalim kentini krallığın siyasi ve dini merkezi olarak kurdu ve oğlu Kral Süleyman'ın saltanatı esnasında Tanrı'nın Kutsal Tapınağının inşası için tüm hazırlıkları yaptı.

İsrail, tüm tarihi boyunca en güçlü ve en görkemli zamanını Kral Davut'un zamanında yaşadı. Kral Davut, halkı tarafından sevildi ve Tanrı'yı fazlasıyla yüceltti. Mesih kendi soyundan geleceği için Davut büyük bir ata oldu.

İsraillilerin Yüreğini Tanrı'ya Geri Getiren İlyas

Kral Davut'un oğlu Süleyman, son günlerinde putlara tapındı ve ölümünden sonra krallık ikiye bölündü. İsrail'in on iki oymağından onu kuzeydeki İsrail Krallığını oluştururken, güneyde kalan son iki oymakta Yahuda Krallığını meydana getirdi.

Peygamber Amos ve Hoşea, Tanrı'nın isteğini kuzeyde ki İsrail krallığında insanlara ifşa ederken, güneyde ki Yahuda Krallığında da peygamber Yeşaya ve Yeremya hizmet verdiler. Tanrı'nın seçim gününün her gelişinde Tanrı, peygamberlerini gönderdi ve onların aracılığıyla isteklerini gerçekleştirdi. Bunlardan biri İlyas peygamberdi. İlyas hizmetini kuzey krallığında, kral Ahav zamanında yürüttü.

İlyas'ın zamanında Yahudi halkından olmayan kraliçe İzebel Baal'ı İsrail'e getirdi. Putlara tapınma tüm krallık boyunca dal budak salmıştı. İlyas peygamberin icra etmesi gereken ilk vazifesi, putperestliklerine Tanrı'nın bir cezası olarak üç buçuk yıl İsrail'de hiç yağmur olmayacağını kral Ahav'a bildirmekti.

Peygambere, kral ile kraliçenin kendisini öldürmeye çabaladıkları söylendiğinde, İlyas Sayda yakınlarında ki Sarefat Kentine gitti. Orada bulunan bir dul kadın kendisine bir parça ekmek verdi ve bunun karşılığında da İlyas dul kadın için olağanüstü bereketler yağdırdı. Tüm kıtlık zamanı kadının küpten unu, çömlekten yağı eksilmedi. Daha sonra da İlyas, kadının ölmekte oğlunu diriltti.

Karmel Dağının tepesinde İlyas, Baal'ın 450 ve Aşera'nın 400 peygamberine karşı savaşıp, göklerden Tanrı'nın ateşini indirdi. İsraillileri putlardan uzaklaştırmak ve yüreklerini tekrar Tanrı'ya yöneltmek için İlyas, Rab'bin yıkılan sunağını onardı, yakmalık sunuların üzerine su döktü ve içtenlikle Tanrı'ya dua etti.

"Ey İbrahim'in, İshak'ın ve İsrail'in Tanrısı olan RAB! Bugün bilinsin ki, sen İsrail'in Tanrısı'sın, ben

de senin kulunum ve bütün bunları senin buyruklarınla yaptım. Ya RAB, bana yanıt ver! Yanıt ver ki, bu halk senin Tanrı olduğunu anlasın. Onların yine sana dönmelerini sağla' O anda gökten RAB'bin ateşi düştü. Düşen ateş yakmalık sunuyu, odunları, taşları ve toprağı yakıp hendekteki suyu kuruttu. Halk olanları görünce yüzüstü yere kapandı. 'RAB Tanrı'dır, RAB Tanrı'dır!' dediler" (1. Krallar 18:36-39).

Tüm bunlara ek olarak üç buçuk yıllık kuraklık döneminden sonra göklerden yağmur indirdi, Şeria Irmağının üzerinden kuru toprağa basar gibi geçti ve gelecekte meydana gelecek şeyler hakkında peygamberlik etti. Tanrı'nın olağanüstü gücünü ifşa ederek, İlyas yaşayan Tanrı'ya tanıklık etti.

2. Krallar 2:11 şöyle der: *"Onlar [İlyas ve Elişa] yürüyüp konuşurlarken, ansızın ateşten bir atlı araba göründü, onları birbirinden ayırdı. İlyas kasırgayla göklere alındı."* İlyas, azami ölçüde olan imanıyla Tanrı'yı hoşnut ettiğinden ve O'nun gerek sevgisi gerek ise onayını kazandığından, ölümü görmeden göklere yükseldi.

Uluslara Tanrı'nın Görkemini İfşa Eden Daniel

İki yüz elli sene sonra, M.Ö. 605 yılında ve kral Yehoyakim'in saltanatlığında Yeruşalim, Babil Kralı Nebukadnessar'ın istilasına uğradı ve Yahuda krallığının pek çok soylu ailesi esir olarak alındı.

Nebukadnessar'ın uzlaşma politikasının bir parçası olarak Kral, İsrailliler arasından kral soyundan gelme ya da soylu bazı gençlerin seçilip saraya getirilmesi için saray görevlilerinin yöneticisi Aşpenaz'a buyruk verdi. Bu gençler kusursuz, yakışıklı, her konuda bilge, bilgili, öğrenmeye yetenekli, sarayda görev almaya uygun nitelikte kişiler olmalıydı (Daniel 1:3-4).

Ancak Daniel dinsel açıdan kendini kirletmemek için kralın onlara ayırdığı yemeklerden yemeyi de şaraptan içmeyi de istemedi. Bu yoldan kendini kirletmemek için saray görevlilerinin yöneticisine ricada bulundu (Daniel 1:8).

Daniel bir savaş tutsağı olsa da, yaşamının her anında Tanrı'dan korktuğu için Tanrı'nın kutsamalarını aldı. Tanrı, Daniel ve arkadaşlarına her konuda bilgi, beceri, bilgelik verdi. Hatta Daniel her çeşit görümü ve düşü yorumlayabiliyordu (Daniel 1:17).

Bu sebeple krallıklar değişse bile kralların beğenisini ve onayını kazanmaya devam etti. Daniel'in olağanüstü ruhunun farkına varan Pers Kralı Darius, Daniel'i bütün ülkenin başına atamayı tasarlıyordu. Bunun üzerine bir grup bakanla satraplar Daniel'i kıskandılar ve Daniel'i ülke yönetimi konusunda suçlamak için fırsat kollamaya başladılar. Ancak ne suçlanacak bir yanını ne de bir yanlışını buldular.

Daniel'in günde üç kez Tanrı'ya dua ettiğini öğrendiklerinde, bakanlar ve satraplar kralın huzuruna gelerek, kraldan otuz gün içinde kraldan başka bir insana ya da ilaha dua eden birinin aslan çukuruna atılmasını öngören bir yasa çıkarmasını istediler. Daniel yasaya uymadı ve ününü, konumunu ve yaşamını aslan çukuruna atılarak kaybetme pahasına Yeruşalim yönüne bakarak eskiden olduğu gibi dua etmeye devam etti.

Kralın emriyle Daniel aslan çukuruna atıldı. Ancak Tanrı aslanların ağzını kapatmak için meleklerini gönderdiğinden, Daniel'e hiçbir şey olmadı. Bunu öğrenen Kral Darius, dünyada yaşayan bütün halklara, uluslara ve her dilden insanlara yazarak onlardan ilahiler söylemelerini ve Tanrı'yı yüceltmelerini istedi:

"Krallığımda yaşayan herkesin Daniel'in Tanrısı'ndan korkup titremesini buyuruyorum. O yaşayan Tanrı'dır, Sonsuza dek var olacak. Krallığı yıkılmayacak, Egemenliği son bulmayacak. O kurtarır, O yaşatır, Gökte de yerde de Belirtiler, şaşılası işler yapar. Daniel'i aslanların pençesinden kurtaran O'dur" (Daniel 6:26-27).

Yukarıda adı geçen ve Tanrı tarafından oldukça iyi bilinen imanın atalarına ek olarak, Gidyon, Barak, Şimson, Yiftah, Samuel, Yeşaya, Yeremya, Hezekiel, Daniel'in üç arkadaşı, Ester ve Kutsal Kitap'ta bahsi geçen diğer peygamberlerin gerçekleştirdiği imanın eylemlerini açıklamaya yetecek kâğıt ve mürekkep bulunmaz.

Yeryüzünde ki Tüm Ulusların Büyük Ataları

İsrail ulusunun erken günlerinden itibaren Tanrı'nın bizzat kendisi İsrail tarihinin haritasını çıkarıp seyrini yönetti. İsrail'in kendisini kriz içinde bulduğu her vakit, Tanrı hazırladığı peygamberlerin vasıtasıyla onları kurtardı ve İsrail tarihini yönetti. Bu nedenle diğer ulusların aksine, İsrail tarihi, İbrahim'in zamanından bu yana Tanrı'nın takdiri ilahisiyle oluşmaktadır. Ve bu son günlere dek Tanrı'nın planına göre bu şekilde devam edecektir.

Kendi takdiri ilahisi ve planı için Tanrı'nın İsrail halkı arasından imanın babalarını ataması ve onları kullanması, sadece seçilmiş halkı için değil ama ayrıca Tanrı'ya iman eden tüm dünya insanları içindir.

Kuşkusuz İbrahim'den büyük ve güçlü bir ulus türeyecek, yeryüzündeki bütün uluslar onun aracılığıyla kutsanacak (Yaratılış 18:18).

Tanrı, "yeryüzündeki bütün ulusların" imanda İbrahim'in çocukları olmasını ve İbrahim'in aldığı kutsamaları almasını ister. Kutsamaları sadece seçilmiş halkı İsrailliler için muhafaza etmemiştir. Tanrı, Yaratılış 17:4-5 ayetlerinde İbrahim'e bir çok ulusun babası olacağı, Yaratılış 12:3 ayetinde yeryüzündeki bütün halkların onun aracılığıyla kutsanacağı ve Yaratılış 22:17-18 ayetlerinde ise soyunun aracılığıyla yeryüzündeki bütün ulusların kutsanacağı vaadinde bulunmuştur.

Dahası İsrail tarihi yoluyla, Tanrı yeryüzünde ki tüm ulusların Rab'bin gerçek Tanrı olduğu, O'na hizmet etmeleri gerektiği ve onları seven Tanrı'nın gerçek çocukları olmalarını kavrayacakları yolu açmıştır.

Beni sormayanlara göründüm, Aramayanlar beni buldu. Adımla anılmayan bir ulusa, 'Buradayım, buradayım dedim (Yeşaya 65:1).

Tanrı, büyük ataları tesis ederek ve İsrail tarihine rehberlik edip onu yöneterek, hem seçilmiş halkı İsrail'in hem de diğer ulusların Adını çağırmalarına izin vermiştir. Tanrı o zamandan beri insan ırkının yetiştirilme tarihini yürütmektedir. Ancak şimdi insan ırkının yetiştirilmesinin takdiri ilahisini İsrail dışında ki uluslara uygulayacağı olağanüstü bir plan tasarlamıştır. Bu sebeple Seçtiği vakit geldiğinde, Oğlu'nu İsrail topraklarına Mesih olarak sadece İsrail'in Mesih'i olarak değil ama tüm halkların Mesih'i olarak göndermiştir.

İsa Mesih'e Tanıklık Eden İnsanlar

İnsanın yetiştirilme tarihi boyunca, İsrail her zaman Tanrı'nın takdiri ilahisinin yerine getirildiği bir merkez olmuştur. Tanrı Kendini imanın atalarına ifşa etmiş, onlara ileride olacak şeylerin vaadinde bulunmuş ve Vaat ettiği gibi bunları gerçekleştirmiştir. Ayrıca İsraillilere Mesih'in Yahuda oymağından, Davut'un evinden geleceğini ve yeryüzünde ki tüm ulusları kurtaracağını söylemiştir.

Bu sebeple İsrail, Eski Ahit'te peygamberliği yapılan Mesih'i bekledi. *Mesih, İsa Mesih'tir.* Elbette ki Yahudiliğe iman etmiş insanlar, İsa'yı Tanrı'nın Oğlu ve Mesih olarak tanımazlar ama aksine hala Mesih'in gelmesini beklerler.

Ancak İsrail'in beklediği Mesih ve bu bölümün geri kalanında yazılan Mesih bir ve aynıdır.

İnsanlar İsa Mesih'le ilgili ne söylerler? Eğer Mesih'le ilgili peygamberlikleri, bu peygamberliklerin yerine gelişini ve Mesih'in yetkinliklerini şöyle bir incelerseniz, İsrail'in uzun zamandır hasretle beklediği Mesih'in, İsa Mesih'ten başka biri olmadığını sadece tasvip edersiniz.

İsa Mesih'e Zulüm Eden Pavlus'un O'nun Elçisi Olması

Pavlus, bu gün ki modern Türkiye sınırları içersinde yer

alan Kilikya, Tarsus'ta takribi 2000 yıl önce doğdu ve kendisine doğum anında konulan isim Saul'du. Saul, doğduktan sekiz gün sonra İsrail ulusunun Bünyamin oymağının İbrani bir üyesi olarak sünnet edildi. Saul, yasada mevcut doğruluğa göre kusursuzdu. Tüm insanlar tarafından sayılan Yasa'nın öğretmeni Gamaliel'in dizleri dibinde büyüdü ve yetiştirildi. Atalarının yasasına göre sıkı bir hayat sürdü ve o zamanlar dünyada ki en güçlü devlet konumunda olan Roma İmparatorluğunun bir vatandaşıydı. Kısaca, ailevi, nesebi, bilgi, servet veya otorite gibi benliğe ait sıfatlar açısından yoksun kaldığı hiç bir şey yoktu.

Tanrı'yı her şeyin üzerinde sevdiğinden, Saul, İsa Mesih'in izinde gidenlere büyük bir şevkle zulüm etti. Çünkü Hristiyanların çarmıha gerilmiş İsa'nın Tanrı'nın Oğlu ve Kurtarıcı olduğunu, ölümünden üç gün sonra dirildiğini söylediklerini duydukça, Tanrı'nın bizzat kendisine küfür etmekte olduklarını düşünüyordu.

Saul ayrıca İsa Mesih'i izleyenlerin, tutkuyla yolunda gittiği Ferisi mezhebine bir tehdit oluşturduğunu düşünüyordu. Bu sebeple, kiliseye insafsızca zulüm edip yıktı ve İsa Mesih'e inananların yakalanmasında öncü oldu.

Pek çok Hristiyanı zindanlara attı ve öldürülmeleri için oy kullandı. Ayrıca tüm havralarda ki inananları cezalandırdı, onları İsa Mesih'e küfür etmeye zorladı ve hatta yabancı ülkelerde bile onların izlerini sürdü.

Sonra Saul öylesine olağanüstü bir şey yaşadı ki, bir anda hayatı ters yüz oldu. Şam yolunda birdenbire gökten gelen bir ışık çevresini aydınlattı.

"Saul, Saul, neden bana zulmediyorsun?"
"Ey Efendim, sen kimsin?"
"Ben senin zulmettiğin İsa'yım."

Saul yıkıldığı yerden kalktı ama hiçbir şey göremiyordu. Sonra insanlar kendisini elinden tutup Şam'a götürdüler. Üç gün boyunca gözleri görmeyen Saul hiçbir şey yiyip içmedi. Bu olaydan sonra bir görümde Rab, Hananya adında ki öğrencisine göründü.

Doğru Sokak denilen sokağa git ve Yahuda'nın evinde Saul adında Tarsuslu birini sor. Şu anda orada dua ediyor. Görümünde yanına Hananya adlı birinin geldiğini ve gözlerini açmak için ellerini kendisinin üzerine koyduğunu görmüştür... 'Git!' dedi. *"Bu adam, benim adımı öteki uluslara, krallara ve İsrailoğulları'na duyurmak üzere seçilmiş bir aracımdır. Benim adım uğruna ne kadar sıkıntı çekmesi gerekeceğini ona göstereceğim"* (Elçilerin İşleri 9:11-12;15-16).

Hananya ellerini Saul'un üzerine koyup dua ettiğinde, birdenbire Saul'un gözlerinden balık pulunu andıran şeyler düştü. Saul yeniden görmeye başladı. Rab ile tanıştıktan sonra.

Saul günahlarını bir bir kavradı ve adını "küçük adam" anlamına gelen Pavlus'a değiştirdi. O andan itibaren Pavlus, korkusuzca uluslara yaşayan Tanrı'yı ve İsa Mesih'in müjdesini duyurdu.

Kardeşlerim, yaydığım Müjde'nin insandan kaynaklanmadığını bilmenizi istiyorum. Çünkü ben onu insandan almadım, kimseden de öğrenmedim. Bunu bana İsa Mesih vahiy yoluyla açıkladı. Yahudi dinine bağlı olduğum zaman nasıl bir yaşam sürdüğümü duydunuz. Tanrı'nın kilisesine alabildiğine zulmediyor, onu kırıp geçiriyordum. Yahudi dininde yaşıtım olan soydaşlarımın birçoğundan daha ilerideydim, atalarımın geleneklerini savunmakta çok daha gayretliydim. Ama beni daha annemin rahmindeyken seçip lütfuyla çağıran Tanrı, uluslara müjdelemem için Oğlu'nu bana göstermeye razı olunca hemen insanlara danışmadım; Yeruşalim'e, benden önce elçi olanların yanına da gitmedim; Arabistan'a gittim, sonra yine Şam'a döndüm (Galatyalılar 1:11-17).

Rab İsa Mesih'le tanıştıktan ve müjdeyi duyurmaya başladıktan sonra, Pavlus kelimelerin anlatmakta kifayetsiz kalacağı her türlü acıya katlandı. Pavlus sıklıkla kendini çok emek verirken, hapse daha çok girerken, sayısız dayak yerken, çok kez ölümle burun buruna gelirken buldu ve uykusuz kaldı, açlığı, susuzluğu tattı, çok kez yiyecek sıkıntısı çekti ve soğukta çıplak kaldı (2. Korintliler 11:23-27).

Konumu, elinde bulundurduğu yetki, bilgi ve hikmetle çok daha refah dolu rahat bir hayat sürdürebilirdi ama Pavlus tüm bunları terk etti ve kendini tamamen Rab'be teslim etti.

Ben elçilerin en önemsiziyim. Tanrı'nın kilisesine zulmettiğim için elçi olarak anılmaya bile layık değilim Ama şimdi neysem, Tanrı'nın lütfuyla öyleyim. O'nun bana olan lütfu boşa gitmedi. Elçilerin hepsinden çok emek verdim. Aslında ben değil, Tanrı'nın bende olan lütfu emek verdi (1. Korintliler 15:9-10).

Pavlus böylesi cüretkâr bir itirafta bulunabildi çünkü İsa Mesih'le karşılaşmak gibi çok etkin bir tecrübe yaşamıştı. Rab, sadece Şam yolunda Pavlus'la karşılaşmakla kalmadı, ama ayrıca gücün olağanüstü işlerini ortaya koyarak Pavlus ile birlikte olduğunu tasdikledi.

Tanrı, Pavlus'un elleriyle öylesine olağanüstü harikalar sergiledi ki bedenine değen peşkir ve peştamallar hasta olanlara götürüldüğünde, hastalıkları yok oluyor, kötü ruhlar içlerinden çıkıyordu. Pavlus ayrıca üçüncü kattan düşüp ölen Eftihos adında ki genç bir adamı da hayata geri döndürdü. Tanrı'nın gücü olmadan ölü bir adamı hayata döndürmek mümkün değildir.

Eski Ahit, Sarefatlı bir dulun ölü oğluyla Şunem'in önde gelen kadınlarından birinin oğlunun İlyas peygamber tarafından hayata döndürüldüğünden bahseder. Mezmurlar 62:11'de yazıldığı gibi, *"Tanrı bir şey söyledi, Ben iki şey duydum: Güç Tanrı'nındır,"* Tanrı'nın gücü Tanrı adamına verilir.

Üç misyon seyahati esnasında Pavlus, içinde Anadolu ve Yunanistan olmak üzere Asya ve Avrupa'da bir çok kilise kurarak uluslara İsa Mesih'in müjdesinin duyurulması temelini attı. Böylece İsa Mesih'in müjdesinin yeryüzünün her köşesine duyurulması ve sayısız canın kurtulması yolu açıldı.

Büyük Güç İfşa Eden ve Sayısız Canı Kurtaran Petrus

Müjdenin Yahudilere duyurulmasında öncülük eden Petrus hakkında neler söyleyebiliriz? İsa ile tanışmadan önce sıradan bir balıkçıydı. Ama İsa tarafından çağrıldıktan ve İsa'nın yaptığı olağanüstü şeylere ilk elden şahit olduktan sonra, O'nun öğrencilerinden biri oldu.

Petrus, kör gözlerin açılması, sakat adamın ayaklanması, ölünün dirilmesi gibi bir başka insanın asla taklit dahi edemeyeceği gücün büyüklüğüne şahit olduğunda, İsa'nın iyi eylemlerde bulunduğunu gördüğünde ve İsa'nın insanların eksikliklerini ve günahlarını örttüğünü izlediğinde, 'gerçektende Tanrı'dan gelmiş' olduğuna inanabildi. Matta 16'da onun itirafını buluruz. *"Sizce ben kimim?"* (a. 15) *"Sen, yaşayan Tanrı'nın Oğlu Mesih'sin"* (a. 16).

Sonra yukarıda ki gibi cesur bir itirafta bulunan Petrus'a tasavvur dahi edilemez bir şey oldu. Hatta Petrus son yemekte İsa'ya, *"Herkes senden ötürü sendeleyip düşse de ben asla düşmem"* (Matta 26:33) dedi. Ama İsa'nın yakalanıp sonradan çarmıha gerildiği gece, Petrus ölüm korkusuyla üç kez O'nu inkâr etti.

İsa dirilip göklere yükseldikten sonra, Petrus Kutsal Ruh'u aldı ve olağanüstü bir şekilde değişti. Hayatının her anını bir dirhem ölüm korkusu hissetmeden İsa Mesih'in müjdesini duyurmaya adadı. Korkusuzca İsa Mesih'e tanıklık ettiği bir gün

3000 kişi tövbe edip vaftiz oldu. Hatta Petrus'u öldürmekle tehdit eden Yahudi liderlerinin önünde bile korkusuzca İsa Mesih'in Rab'bimiz ve Kurtarıcımız olduğunu ilan etti.

"Tövbe edin, her biriniz İsa Mesih'in adıyla vaftiz olsun. Böylece günahlarınız bağışlanacak ve Kutsal Ruh armağanını alacaksınız. Bu vaat sizler, çocuklarınız, uzaktakilerin hepsi için, Tanrımız Rab'bin çağıracağı herkes için geçerlidir" (Elçilerin İşleri 2:38-39).

"Siz yapıcılar tarafından hiçe sayılan, Ama köşenin baş taşı durumuna gelen taş'tır; Başka hiç kimsede kurtuluş yoktur. Bu göğün altında insanlara bağışlanmış, bizi kurtarabilecek başka hiçbir ad yoktur" (Elçilerin İşleri 4:11-12).

Petrus, pek çok harika ve belirti ortaya koyarak Tanrı'nın gücünü sergiledi. Lidda'da, Petrus sekiz senedir felçli olan bir adamı iyileştirdi ve Yafa yakınlarında hastalanıp ölen Tabita'yı diriltti. Petrus ayrıca sakatların ayaklanıp yürümesini sağladı, çeşitli hastalıklardan çekenlere şifa verdi ve cinleri kovdu.

Tanrı'nın gücü Petrus'a öylesine eşlik etti ki, yoldan geçen Petrus'un hiç değilse gölgesi bazılarının üzerine düşsün diye halk, hasta olanları caddelere çıkartıp şilteler ve döşekler üzerine yatırır oldu (Elçilerin İşleri 5:15).

Buna ek olarak Tanrı, bir görüm aracılığıyla Yahudiler dışında ki uluslara kurtuluşun müjdesinin duyurulması gerektiğini bildirdi. Bir gün Petrus dua etmek için dama çıktı. Acıkmış hissetti. Yemek hazırlanırken Petrus kendinden geçti ve Göğün açıldığını ve büyük bir çarşafı andıran bir nesnenin dört köşesinden sarkıtılarak yeryüzüne indirildiğini gördü. Çarşafın içinde, yeryüzünde yaşayan her türden dört ayaklı hayvanlar, sürüngenler ve kuşlar vardı (Elçilerin İşleri 10:9-12). Sonra Petrus bir ses duydu.

"Kalk Petrus, kes ve ye!" (a. 13) *"Hiçbir zaman bayağı ya da murdar herhangi bir şey yemedim"* (a. 14). *"Tanrı'nın temiz kıldıklarına sen bayağı deme"* (a. 15).

Bu, üç kez tekrarlandı. Sonra çarşafı andıran nesne hemen göğe alındı. Petrus, Tanrı'nın niçin Musa'nın yasasında "murdar" diye tanımlanan bir şeyi yemesini buyurduğunu anlayamadı. Böyle görüm hakkında düşüncelere dalmışken, Kutsal Ruh ona şöyle dedi: *"Bak, üç kişi seni arıyor. Haydi kalk, aşağı in. Hiç çekinmeden onlarla git. Çünkü onları ben gönderdim"* (Elçilerin İşleri 10:19-20). Yahudi olmayan Kornelius tarafından gönderilen üç adam Petrus'u alıp Kornelius'un evine götürmek için gelmişlerdi.

Bu görümle, Tanrı, müjdenin Yahudi olmayanlara da duyurulmasını bildirmiş oldu ve Petrus'u İsa Mesih'in müjdesini onlara duyurması için harekete geçirdi. Petrus, Rab'bi üç kez inkâr etmesine rağmen, bir elçisi olarak kendisine böylesi kutsal bir vazifeyi veren Rab'bin kendisine olan sonsuz sevgisi ve güveni karşısında minnetle doluydu ve bir şehit olarak öldü.

İsa Mesih'in Vahiy'i İle Son Günlerin Peygamberliğini Yapan Elçi Yuhanna

Yuhanna Celile'de bir balıkçıydı ama İsa çağırdıktan sonra her zaman O'nunla yürüdü ve O'nun ortaya koyduğu belirti ve harikalara şahit oldu. Yuhanna, Kana'da ki bir düğünde İsa'nın suyu şaraba çevirdiğini, 38 sene hasta olan bir kişide içlerinde olmak üzere sayısız insanı iyileştirdiğini, pek çoklarından kötü ruhları kovduğunu ve körlerin gözünü açtığını gördü. Yuhanna ayrıca İsa'nın su üzerinde yürümesine ve dört gün boyunca ölü olan Lazar'ı diriltmesine de şahit oldu.

İsa'nın görünümü (yüzünün bir güneş gibi parlaması ve Giysilerinin beyaz bir ışığa dönüşmesi) değiştiğinde ve bir dağın tepesinde Musa ve İlyas'la konuştuğunda da Yuhanna O'nunla beraberdi. Hatta İsa çarmıhta son nefesini verirken Yuhanna İsa'nın Meryem'e ve kendisine son sözlerini duyan kişiydi. *"Kadın, işte oğlun!"*[1] (Yuhanna 19:26) *"İşte, annen!"* (Yuhanna 19:27)

Çarmıhta sarf ettiği bu üçüncü ve son sözüyle, fiziksel açıdan Kendisini karnında taşıyan ve doğuran Meryem'i teselli ediyordu. Ancak ruhani açıdan bakıldığında, tüm inananların kız kardeş, erkek kardeş ve anneler olduğunu insanoğluna duyuruyordu.

İsa, Meryem'e asla "anne" diye hitap etmedi. Tanrı'nın Oğlu İsa özünde Tanrı'nın ta Kendisi olduğundan kimse O'nu doğuramazdı ve annesi de olamazdı. İsa'nın Yuhanna'ya

---

[1] Türkçe İncil'de bu ayet, *"Anne, işte oğlun!"* diye çevrilmiştir.

"İşte, annen!" demesinin tek sebebi, Yuhanna'nın bir evlat gibi Meryem'e hizmet etmesini istemesiydi. O andan itibaren Yuhanna Meryem'i kendi evine aldı ve annesiymiş gibi hizmet etti.

İsa'nın dirilişi ve göğe yükselmesinden sonra, Yahudilerin süregelen tehditlerine rağmen diğer elçilerle birlikte İsa Mesih'in müjdesini şevkle duyurdu. Müjdeyi kendilerini adayarak duyurmaları sayesinde erken kiliseler olağanüstü bir canlanma tecrübe edindiler, ama aynı zamanda elçiler de sıklıkla zulümlerle karşı karşıya kaldı.

Elçi Yuhanna, Yahudiler Meclisinde sorgulandı ve sonra Roma İmparatoru Domitian tarafından kızgın yağa atıldı. Ama Tanrı'nın takdiri ilahisi ve gücüyle Yuhanna hiçbir acı çekmedi ve imparator tarafından Akdeniz'de bulunan Yunan adası Patmos'a sürgüne gönderildi. Yuhanna orada dua, Kutsal Ruh'un esinlemesi ve meleklerin rehberliğiyle Tanrı ile iletişim içinde oldu, çok derin görümler gördü ve onları İsa Mesih'in vahyi olarak kaleme aldı.

İsa Mesih'in vahyidir. Tanrı yakın zamanda olması gereken olayları kullarına göstermesi için O'na bu vahyi verdi. O da gönderdiği meleği aracılığıyla bunu kulu Yuhanna'ya iletti (Vahiy 1:1).

Kutsal Ruh'un esinlemesiyle, Yuhanna detaylıca son günlerde olacakları yazdı ki, insanlar İsa'ya Kurtarıcıları olarak iman etsin ve İkinci Gelişinde O'nu kralların Kralı ve rablerin Rab'bi olarak karşılamaya hazırlansınlar.

İmanlarına Sıkı Sıkıya Bağlı Olan Erken Kilise Üyeleri

Dirilen İsa göğe yükseldiğinde, Kendisinin göklere alındığı haliyle geri geleceğine dair öğrencilerine söz verdi.

İsa'nın diriliş ve göğe yükselişine tanık olan sayısız insan, kendilerinin dirilebileceğini ve ölümden korkmamaları gerektiğini kavradılar. Bu yüzden dünyaya hükmedenlerin tehdit ve baskılarına, hatta canlarına kast eden zulümlerine karşın yaşamlarını O'nun tanıkları olarak sürdürebildiler. Sadece yaşadığı zamanlar İsa'ya hizmet eden öğrencileri değil ama ayrıca sayısız insan Roma kolezyumlarında aslanlara atıldı, başları kesildi, çarmıha gerildi ve yakıldılar. Ancak hepsi İsa Mesih'e olan imanlarına sıkı sıkıya bağlı kaldılar.

Hristiyanlara yapılan zulümler şiddetlendikçe, erken kilise üyeleri "Yer altı mezarlıkları" olarak bilinen Roma katakomplarında gizlendiler. Hayatları perişandı. Gerçekten hayatta değilmişler gibi yaşıyorlardı. Ancak Rab'be tutkulu ve içten bir sevgi beslediklerinden, hiçbir sınama ve işkenceden korkmadılar.

Hristiyanlık, Roma'da resmi bir din olarak tanınmadan önce, Hristiyanlara olan baskılar tasavvur edilemeyecek kadar sert ve zalimceydi. Hristiyanlar vatandaşlıktan atılıyor, İnciller ve kiliseler ateşe veriliyor, kilise liderleri ve çalışanları tutuklanıyor, vahşi işkencelere maruz kalıyor ve idam ediliyorlardı.

İzmir kilisesinde ki Polycarp'ın elçi Yuhanna ile kişisel bir kardeşliği vardı. Polycarp kendini adamış bir piskopos'tu. Romalı yetkililer tarafından yakalanıp Valinin önüne çıkarıldığında, imanına sırtını dönmedi.

"Seni küçük düşürmek istemiyorum. Bu Hrıstiyanların öldürülmesi emrini ver, seni serbest bırakayım. Mesih'i lanetle!"

"86 senedir O'nun bir hizmetkârıyım ve bana hiç bir yanlışı olmadı. Beni kurtaran Kralıma nasıl küfredebilirim?"

Onu yakarak idam etmeye teşebbüs ettiler ama başarılı olamadılar. İzmir'in piskoposu bıçaklanarak bir şehit olarak öldü. Pek çok Hrıstiyan, Polycarp'ın imanla ilerleyip şehit düşmesine tanık olduğunda, İsa Mesih'in çilesini daha derinlemesine anlayıp kendileri içinde şehitlik yolunu seçtiler.

Ey İsrailliler, bu adamlara yapacağınızı iyi düşünün! Bir süre önce Tevdas da kendi kendisiyle ilgili büyük iddialarda bulunarak başkaldırdı. Dört yüz kadar kişi de ona katıldı. Ama adam öldürüldü, izleyicilerinin hepsi dağıtıldı, hareket yok oldu. Ondan sonra, sayım yapıldığı günlerde ortaya çıkan Celileli Yahuda, pek çok insanı ayartıp peşine taktı. Ama o da öldürüldü ve izleyicilerinin hepsi darmadağın oldu. Şimdi size şunu söyleyeyim: Bu adamlarla uğraşmayın, onları rahat bırakın! Çünkü bu girişim, bu hareket insan işiyse, yok olup gidecektir. Yok eğer Tanrı'nın işiyse, bu adamları yok edemezsiniz. Hatta kendinizi Tanrı'ya karşı savaşır durumda bulabilirsiniz (Elçilerin İşleri 5:35-39).

Tıpkı ün salmış Gamaliel'in İsrail halkına yukarıda ki hatırlatması ve öğüdü gibi, Tanrı'nın bizzat kendisinden gelen İsa Mesih'in müjdesi yok olup gitmedi. Sonunda M.S. 313 yılında imparator Konstantin, Hristiyanlığı resmi din olarak tanıdı ve İsa Mesih'in müjdesi tüm dünyaya duyurulmaya başlandı.

Pilatus'un Raporunda ki İsa'nın İfadesi

Roma İmparatorluğunun tarihi belgeleri arasında, İsa'nın zamanında Yahuda bölgesinin Valisi olan Pontius Pilatus'un İsa'nın dirilmesiyle ilgili yazdığı ve imparatora yolladığı bir el yazması vardır.

Aşağıdakiler Pilatus'un imparatora İsa'nın dirilmesi ile ilgili yazdığı, "İsa'nın Tutuklanması, Mahkemeye Çıkması ve Çarmıha Gerilmesiyle İlgili Sezar'a Takdim Edilen Pilatus'un Raporu" adlı raporundan alıntıdır ve şu anda İstanbul, Türkiye'de bulunan Aya Sofya'da tutulmaktadır.

Gömüt mezarın boş bulunmasından birkaç gün sonra, tıpkı İsa'nın önceden söylediği gibi öğrencileri ülkenin dört bir köşesine İsa'nın ölümden dirildiğini duyurdular. Bu, çarmıha gerilmesinden çok daha büyük bir heyecan yarattı. Gerçek olup olmadığı hakkında ben kesin bir şey söyleyemem, ama bu konuyla ilgili bir soruşturma yaptım. Böylece bizzat kendiniz inceleyebilir ve Herod'un açıkladığı gibi hatalı olup olmadığımı görebilirsiniz.

Yusuf, İsa'yı kendi mezarlığına gömdü. İsa'nın dirilmesi olayını tasarladı mı yoksa başka hesaplar peşinde miydi, ben bir şey diyemem. Gömüldükten bir gün sonra kâhinlerden biri Romalı generallerden birinin çadırına geldi ve öğrencilerinin İsa'nın bedenini çalmayı ve saklamayı amaçladıkları ve önceden söylenildiği gibi ölümden dirilmiş gibi göstermeye çalıştıkları için endişe içinde olduklarını söyledi.

Yahudi askerleri alıp mezarlığın çevresine olabildiğince çok yerleştirmesini söylemesi için onu saray muhafızına (Malcus) gönderdim. Böylece herhangi bir şey olduğun da kabahati Romalılarda değil ama kendilerinde bulabilirlerdi.

Mezarlığın boş olmasından dolayı büyük bir heyecan koptuğunda, daha önce hiç hissetmediğim kadar derin bir endişe hissettim. Aşağıda ki olayları anımsamam kadar bana yakın olan Islam adındaki bu adamı gönderdim. Mezarlığın üzerinde hoş ve güzel bir ışık gördüler. Gelenekleri olduğundan önce kadınların gelip İsa'nın bedenini mumyaladıklarını düşündü ama muhafızları aşarak nasıl içeri girmiş olabileceklerini kestiremedi. Aklından bu düşünceler geçerken tüm alan ışığa büründü ve mezar giysileriyle ölülerden oluşan bir kalabalık varmış gibi göründü.

Hepsi coşkuyla haykırıyor gibi görünüyordu. Tüm bunlar olurken o zamana kadar duyduğu en güzel müzik çevreyi doldurdu ve her yer Tanrı'ya ilahiler söyleyen seslerle sanki doldu. Tüm bu zaman zarfında ayaklarının altında ki yer sallanıyor gibi hissettiğinden kendini hasta hissetti ve bayılacakmış hissine kapıldı. Ayakları üzerinde duramıyordu. Yerin ayaklarının altından akıp gittiği hissine kapıldı ve tüm duyuları kendisini terk etti. Dolayısıyla ne olup bittiğini anlayamadı.

Matta 27:51-53 ayetlerinde, *"O anda tapınaktaki perde yukarıdan aşağıya yırtılarak ikiye bölündü. Yer sarsıldı, kayalar yarıldı. Mezarlar açıldı, ölmüş olan birçok kutsal kişinin cesetleri dirildi,"* denildiği gibi, Romalı askerlerde benzer tanıklıklarda bulundular.

Bu ruhani fenomeni deneyim eden Romalı askerlerin tanıklıklarını yazdıktan sonra Vali Pilatus raporunun sonlarına doğru, "Gerçekten O'nun Tanrı'nın Oğlu olduğunu söylemeye hazırım" dedi.

Rab İsa Mesih'in Sayısız Şahidi

Halk arasında ki hizmetleri sırasında sadece İsa'nın öğrencileri İsa Mesih'in müjdesine tanık olmadı. İsa'nın Yuhanna 14:13 ayetinde, *"Baba Oğul'da yüceltilsin diye, benim adımla dilediğiniz her şeyi yapacağım"* dediği gibi, İsa'nın dirilmesi ve göğe alınmasından bu yana sayısız şahit Tanrı'dan dualarının karşılığını almış, yaşayan Tanrı'ya ve Rab İsa Mesih'e tanıklık etmiştir.

Ama Kutsal Ruh üzerinize inince güç alacaksınız. Yeruşalim'de, bütün Yahudiye ve Samiriye'de ve dünyanın dört bucağında benim tanıklarım olacaksınız (Elçilerin İşleri 1:8).

Tıp biliminin çaresiz kaldığı tüm hastalıklarımdan Tanrı'nın gücüyle şifa bulduktan sonra Rab'be iman ettim. Sonra Rab İsa Mesih'in bir hizmetlisi olarak mesh edildim ve o zamandan beri tüm insanlara müjdeyi duyurmakta, harika ve belirtileri ortaya koymaktayım.

Yukarıda ki ayette vaat edildiği gibi, Kutsal Ruh'u alan pek çok insan Tanrı'nın çocukları oldu ve Kutsal Ruh'un gücüyle yaşamlarını İsa Mesih'in müjdesini duyurmaya adadılar. Müjde tüm dünyaya böyle duyuruldu ve bu gün sayısız insan yaşayan Tanrı ile böyle tanışmakta ve İsa Mesih'e yine böyle iman etmektedirler.

Dünyanın her yanına gidin, Müjde'yi bütün yaratılışa duyurun. İman edip vaftiz olan kurtulacak, iman etmeyen ise hüküm giyecek. İman edenlerle birlikte görülecek belirtiler şunlardır: Benim adımla cinleri kovacaklar, yeni dillerle konuşacaklar, yılanları elleriyle tutacaklar. Öldürücü bir zehir içseler bile, zarar görmeyecekler. Ellerini hastaların üzerine koyacaklar ve hastalar iyileşecek (Markos 16:15-18).

Yeruşalim, Sion Tepesi, Golgota'da ki Kutsal Yükseliş Kilisesi

2. Bölüm
Tanrı Tarafından Gönderilen Mesih

Tanrı'nın Mesih Vaadi

İsrail sıklıkla egemenliğini kaybetmiş, istilalara maruz kalmış, Persler ve Romalıların yönetimine girmiştir. Peygamberleri aracılığıyla Tanrı, İsrail Kralı olarak Mesih ile ilgili büyük vaatlerde bulunmuştur. Sıkıntı içinde ki İsrail halkına Tanrı'nın Mesih vaadinden daha fazla hiçbir şey büyük bir umut kaynağı olamazdı.

Çünkü bize bir çocuk doğacak, Bize bir oğul verilecek. Yönetim onun omuzlarında olacak. Onun adı Harika Öğütçü, Güçlü Tanrı, Ebedi Baba, Esenlik Önderi olacak. Davut'un tahtı ve ülkesi üzerinde egemenlik sürecek. Egemenliğinin ve esenliğinin büyümesi son bulmayacak. Egemenliğini adaletle, doğrulukla kuracak Ve sonsuza dek sürdürecek. Her Şeye Egemen RAB'bin gayreti bunu sağlayacak (Yeşaya 9:6-7).

"İşte Davut için doğru bir dal Çıkaracağım günler geliyor diyor RAB. 'Bu kral bilgece egemenlik sürecek, Ülkede adil ve doğru olanı yapacak. Onun döneminde Yahuda kurtulacak, İsrail güvenlik

içinde yaşayacak. O, 'RAB doğruluğumuzdur adıyla anılacak'" (Yeremya 23:5-6).

Ey Siyon kızı, sevinçle coş! Sevinç çığlıkları at, ey Yeruşalim kızı! İşte kralın! O adil kurtarıcı ve alçakgönüllüdür. Eşeğe, evet, sıpaya, Eşek yavrusuna binmiş sana geliyor! Savaş arabalarını Efrayim'den, Atları Yeruşalim'den uzaklaştıracağım. Savaş yayları kırılacak. Kralınız uluslara barışı duyuracak, Onun egemenliği bir denizden bir denize, Fırat'tan yeryüzünün uçlarına dek uzanacak (Zekeriya 9:9-10).

Bu güne dek İsrail hiç durmadan Mesih'in gelmesini beklemektedir. İsrail'in büyük bir coşkuyla bekleyip gelmesini umduğu Mesih'in gelişini ne geciktirmektedir? Pek çok Yahudi bunun cevabını ister ama bunun cevabı çoktan gelmiş olan Mesih'i tanımamaları gerçeğinde yatar.

Mesih İsa Tıpkı Yeşaya'nın Peygamberlik Ettiği gibi Acı Çekti

Tanrı'nın İsrail'e vaat ettiği Mesih ve gerçekten gönderdiği İsa'dır. İsa, takribi iki bin yıl önce Yahuda'nın Beytlehem şehrinde doğdu ve zaman geldiğinde çarmıhta öldü, dirildi ve tüm insanlığa kurtuluş yolunu açtı. Ancak O'nun zamanında ki Yahudiler İsa'yı beklemekte oldukları Mesih olarak tanımadılar. Çünkü onların umduğu Mesih görünümünden İsa tamamen farklı görünüyordu. Yahudiler, uzun yıllar sömürge altında yaşamaktan yorgun düşmüşlerdi ve kendilerini bu siyasi arbededen çekip çıkaracak etkin bir Mesih'in beklentisi içindeydiler. Mesih'in, İsrail Kralı olarak geleceğini, tüm savaşlara bir son vereceğini, kendilerini zulüm ve baskıdan kurtaracağını, gerçek barışı getireceğini ve kendilerini tüm ulusların üzerinde yücelteceğini düşünüyorlardı.

Ancak İsa, yeryüzüne kraliyet mensubuna yakışır bir görkem içinde gelmedi. Fakir bir marangozun oğlu olarak dünyaya geldi. Hatta İsrail'i Roma'nın baskılarından kurtarmak ya da eski görkemini yeniden kazandırmak içinde gelmedi. Âdem'in günahından beri yıkıma mahkum edilmiş insan ırkını iyileştirmek ve onları Tanrı'nın çocukları yapmak için geldi.

Bu sebepten dolayı Yahudiler İsa'yı Mesih olarak tanımadılar ve aksine O'nu çarmıha gerdiler. Eğer Kutsal Kitap'ta yazılı olan Mesih tasvirini incelersek, sadece ve sadece Mesih'in İsa olduğunu beyan edebiliriz.

O RAB'bin önünde bir fidan gibi, Kurak yerdeki kök gibi büyüdü. Bakılacak biçimden, güzellikten yoksundu. Gönlümüzü çeken bir görünüşü de yoktu İnsanlarca hor görüldü, Yapayalnız bırakıldı. Acılar adamıydı, hastalığı yakından tanıdı. İnsanların yüz çevirdiği biri gibi hor görüldü, Ona değer vermedik (Yeşaya 53:2-3).

Tanrı, İsrail'in kralı Mesih'in resmi bir görüntüsü olmayacağını ya da görüntüsüyle bizi etkileyecek bir kral olmayacağını, ama aksine insanların yüz çevirdiği ve insanlar tarafından hor görülen biri olacağını İsraillilere bildirmişti. Buna rağmen İsrailliler Tanrı'nın kendilerine vaat ettiği Mesih olarak İsa'yı tanımakta başarılı olamadılar.

Tanrı'nın seçilmişleri İsrailliler tarafından hor görüldü ve yapayalnız bırakıldı, ama Tanrı, İsa Mesih'i tüm ulusların üzerine tuttu ve bu güne kadar sayısız insan O'nu Kurtarıcıları olarak kabul etti.

Mezmurlar 118:22-23 ayetlerinde, *"Yapıcıların reddettiği taş, Köşenin baş taşı oldu. RAB'bin işidir bu, Gözümüzde harika bir iş!,"* dediği gibi, insan ırkının kurtuluşunun takdiri ilahisi, İsrail'in terk ettiği İsa tarafından başarıldı.

İsa'nın, İsrail Halkının görmeyi umduğu bir görüntüsü yoktu. Ama bizler İsa'nın, Tanrı'nın peygamberleri yoluyla bildirdiği Mesih olduğunu anlarız.

Tanrı'nın bizlere Mesih aracılığıyla vaat ettiği görkem, barış ve iyileşme gibi her şey, ruhani dünyaya aittir ve Mesih'in görevini gerçekleştirmek üzere dünyaya gelen İsa şöyle demiştir: *"Benim krallığım bu dünyadan değildir"* (Yuhanna 18:36).

Tanrı'nın peygamberlikle bildirdiği Mesih, dünyevi yetkinlik ve görkemle donatılmış bir kral değildi. Mesih'in yeryüzüne gelme amacı, dünyada ki kısa yaşamları sırasında Tanrı'nın çocuklarının zenginlik, ün ve şerefin tadına varmaları için değildi. O'nun yeryüzüne gelme amacı, halkını günahlarından kurtarmak ve onların sonsuza dek göklerde ebedi sevinç ve görkemin tadına varacakları yaşama taşımaktı.

O gün İşay'ın kökü ortaya çıkacak, Halklara sancak olacak, Uluslar ona yönelecek. Kaldığı yer görkemli olacak (Yeşaya 11:10).

Vaat edilen Mesih sadece Tanrı'nın seçilmişleri İsrailliler için değil ama ayrıca İbrahim'in imanını izleyerek imanla vaat edilen Mesih'i kabul eden herkes içindi. Kısaca, Mesih yeryüzünde ki tüm ulusların Kurtarıcısı olarak Tanrı'nın kurtuluş vaadini gerçekleştirmek üzere gelecekti.

Tüm İnsan Irkı İçin Kurtarıcıya İhtiyaç

Neden Mesih sadece İsrail ulusunun kurtuluşu için değil, ama ayrıca tüm insanlık için yeryüzüne gelmek zorundaydı?

Yaratılış 1:28'de Tanrı Âdem ile Havva'yı kutsadı ve onlara şöyle dedi: *"Verimli olun, çoğalın. Yeryüzünü doldurun ve denetiminize alın; denizdeki balıklara, gökteki kuşlara, yeryüzünde yaşayan bütün canlılara egemen olun."*

İlk insan Âdem'i yarattıktan ve onu tüm varlıkların efendisi kıldıktan sonra, Tanrı, yeryüzü üzerinde "kontrol sahibi olması" ve "yönetmesi" için ona otorite verdi. Ama Tanrı'nın özellikle yasakladığı iyilikle kötülüğün bilgisini taşıyan ağaçtan yedikten ve şeytanın etkisinde aklını çelen yılana uyarak itaatsizlik günahını işledikten sonra, Âdem tadına vardığı bu otoriteden yoksun kaldı.

Tanrı'nın doğruluğunun sözüne itaat ettikleri zaman, Âdem ile Havva doğruluğun köleleriydi ve Tanrı'nın kendilerine verdiği otoritenin tadına vardılar. Ama günah işledikten sonra günahın ve şeytanın köleleri olduklarından, otoritelerinden vazgeçmek zorunda bırakıldılar (Romalılar 6:16). Böylece Âdem'in Tanrı'dan aldığı tüm otorite şeytana geçmiş oldu.

Luka 4'de şeytan, 40 günlük orucunu bitirmiş olan İsa'nın üç kez aklını çelmeye çalıştı. Şeytan, İsa'ya dünyada ki tüm krallıkları gösterip şöyle dedi: *"Bütün bunların yönetimini ve zenginliğini sana vereceğim; Bunlar bana teslim edildi, ben de dilediğim kişiye veririm. Bana taparsan, hepsi senin olacak"* (Luka 4:6-7). Şeytan, Âdem'den "teslim aldığı" "yönetim ve zenginlikten" bahseder ve tüm bunları bir başkasına da teslim edebilir.

Evet, Âdem kendisine verilen tüm yetkinliği kaybedip şeytana teslim etti ve bunun bir sonucu olarak şeytanın tutsağı oldu. O zamandan beri Âdem, şeytanın kontrolü altında günahlarına günah ekleyip durdu ve günahların ücreti olan ölüm yoluna girdi. Bu, Âdem'i durdurmadı ama kalıtımsal yolla Âdem'in ilk günahını miras alan tüm torunlarını etkiledi. Onlarda iblis ve şeytan tarafından yürütülen günahın yönetimi altına alındı ve ölüm yolunda ilerlediler.

Bu, Mesih'in gelişinin gerekliliğinin sebebini gösterir. Sadece Tanrı'nın seçilmişleri İsrailliler için değil, ama tüm dünya halkları da kendilerini iblis ve şeytanın yönetiminden kurtaracak bir Mesih'e ihtiyaç duydular.

Mesih'in Yetkinlikleri

Bu dünya da nasıl yasalar varsa, ruhani dünyanın da kuralları ve kanunları vardır. Bir insanın ölüm yoluna girip girmeyeceği veya günahları için bağışlanıp bağışlanmayacağı ve kurtuluşa sahip olup olmayacağı, ruhani dünyanın yasasına bağlıdır. Yasanın getirdiği tüm lanetlerden insan ırkını kurtaracak Mesih olması için bir kişinin ne gibi doygun vasıflara sahip olması gerekir? Mesih'in vasıflarıyla ilgili şartlar Tanrı'nın seçilmişlerine verdiği yasada bulunur. Bu yasa, toprağın kurtulması yasasıdır.

Tarlanız temelli olarak satılamaz. Çünkü bana aittir. Sizse yabancısınız, konuğumsunuz. Miras alacağınız ülkenin her yerinde tarlanın asıl sahibine tarlasını geri alma hakkı tanımalısınız. Kardeşlerinizden biri yoksullaşır, toprağının bir parçasını satmak zorunda kalırsa, en yakın akrabası gelip toprağı geri alabilir (Levililer 25:23-25).

Toprağın Kurtulması Yasası, Mesih'in Vasıflarıyla İlgili Sırları İçerir

Tanrı'nın seçilmişleri İsrailliler yasaya bağlı kalmışlardır.

Böylece bir toprağın alınıp satılması işleminde, Kutsal Kitap'ta yazılı olan toprağın kurtulması yasasına sıkı sıkıya bağlı kaldılar. Diğer ülkelerin toprak yasalarının aksine, İsrail'in yasası net bir şekilde toprağın daimi olarak satılamayacağının ve ileride ki bir zamanda tekrar geri alınabileceğinin altını çizdi. Bu yasa, zengin bir akrabanın, aile üyelerinden birinin satılan toprağını geri almasını sağlar. Eğer bir kişinin toprağı geri alacak kadar zengin bir akrabası yoksa ama satan kişi toprağı geri almak için belli birikime sahip olmuşsa kendisi toprağını geri alabilir.

Öyleyse Levililer'de ki toprağın kurtulması yasası, Mesih'in vasıflarıyla nasıl yakından ilişkilidir?

Bunu çok daha iyi anlamak için, insanın topraktan yaratılmış olduğu gerçeğini aklımızda tutmalıyız. Yaratılış 3:19 ayetinde Tanrı, Âdem'e şöyle der: *"Toprağa dönünceye dek Ekmeğini alın teri dökerek kazanacaksın. Çünkü topraksın, topraktan yaratıldın Ve yine toprağa döneceksin."* Ve Yaratılış 3:23 şöyle devam eder: *"Böylece RAB Tanrı, yaratılmış olduğu toprağı işlemek üzere Âdem'i Aden bahçesinden çıkardı"*

Tanrı'nın Âdem'e, "Topraksın demesi ruhani açıdan insanın topraktan yaratılmış olmasını simgeler. Dolayısıyla toprağın alınıp satılmasıyla ilgili toprağın kurtulması yasası, insanın kurtulmasıyla ilgili ruhani yasa ile doğrudan bağlantılıdır.

Toprağın kurtulması yasasına göre Tanrı tüm toprağın sahibidir ve hiçbir insan toprağı daimi olarak satamaz. Aynı şekilde Âdem'in de ilk başlarda Tanrı'dan aldığı tüm otorite Tanrı'ya aittir ve dolayısıyla hiç kimseye daimi olarak satılamaz. Eğer biri yoksul düşüp toprağını satarsa, uygun bir kişi geldiğinde toprak geri verilir. Tıpkı bunun gibi, uygun bir insan çıkıp geldiğinde, şeytanın Âdem'den teslim aldığı otoriteyi geri alacaktır.

Toprağın kurtulması yasasına bağlı olarak, sevgi ve adalet Tanrı'sı Âdem'in şeytana teslim ettiği tüm otoriteyi geri alacak birini hazırladı. Bu kişi Mesih'tir ve Mesih ise Tanrı'nın bizzat kendisi tarafından sonsuzlukta hazırlanan İsa Mesih'tir.

Kurtarıcının Vasıfları ve İsa Mesih Tarafından Bu Vasıfların Doldurulması

Şimdi toprağın kurtulması yasasına göre neden İsa Mesih'in tüm insanlığın Mesih'i ve Kurtarıcısı olduğunu inceleyelim.

Öncelikle, nasıl toprağı kurtaracak kişinin akraba olması gerekiyorsa, ilk insan Âdem'in günahı yüzünden tüm insanlık günahkâr olduğundan, Kurtarıcı da tüm insanları günahlarından kurtaracak bir insan olmalıdır. Levililer 25:25 bize şöyle der: *"Kardeşlerinizden biri yoksullaşır, toprağının bir parçasını satmak zorunda kalırsa, en yakın akrabası gelip toprağı geri alabilir."* Eğer bir kişi toprağını parayla elinde tutamadığından satmış ise, en yakın akraba toprağı geri satın alabilir. İlk insan Âdem günah işlediğinden ve Tanrı tarafından verilen otoriteyi şeytana teslim ettiğinden, otoritenin geri alınması Âdem'in "en yakın akrabası" olan bir adam tarafından gerçekleşmelidir.

1. Korintliler 15:21'de, *"Ölüm bir insan aracılığıyla*

geldiğine göre, ölümden diriliş de bir insan aracılığıyla gelir" denildiği gibi, Kutsal Kitap bizlere günahkarların kurtulmasının melekler ya da canavarlar tarafından değil ama sadece insan tarafından olacağını bir kez daha doğrular. İnsan ırkı, ilk insan Âdem'in günahı yüzünden ölüm yoluna girdi. Başka birinin onları bu günahlarından kurtarması gerekiyordu ve ancak Âdem'in "en yakın" akrabası olan bir adam bunu yapabilirdi.

İsa, insani doğaya ve Tanrı'nın Oğlu olduğu için tanrısal doğaya sahip olmasına rağmen, insan ırkını günahlarından kurtarmak için bir insan olarak doğdu (Yuhanna 1:14) ve büyüme sürecini yaşadı. Bir insan gibi uyudu, açlık ve susuzluk çekti, sevinç ve keder duydu. Çarmıha gerildiğinde, kanını döktü ve akan kanına eşlik eden acıyı hissetti.

Hatta tarihsel kaynaklarda bile, İsa'nın yeryüzüne bir insan olarak geldiği gerçeğini onaylayan inkâr edilemez bir kanıt vardır. İsa'nın doğumu referans noktası alınarak, dünya tarihi iki bölüme ayrılmıştır; Türkçede M.Ö. ve İngilizcede B.C., Before Christ, olarak kullanılan bu kısaltma, İngilizcede İsa'dan önce anlamına gelir. Yani, İsa Mesih'ten önceki tarihe işaret eder. Aynı şekilde, Türkçede M.S. ve İngilizcede A.D., Anno Domini, olarak kullanılan kısaltma, 'Tanrı'mızın yılında' anlamına gelir. Bu gerçek İsa'nın dünyaya bir insan olarak geldiğini onaylar. Böylece İsa yeryüzüne bir insan olarak geldiğinden, Kurtarıcının ilk vasfını yerine getirir.

İkinci olarak, nasıl toprağı kurtaracak kişi fakir olduğu takdirde toprağı kurtaramıyorsa, Âdem günah işlediğinden ve tüm torunları ilk günahla doğduğundan, Âdem'in torunu insanları günahlarından kurtaramaz. Tüm insanlığın Kurtarıcısı, Âdem'in bir torunu olmamalıdır.

Eğer bir erkek kardeş, kız kardeşinin borcunu geri ödemek istediyse, kendisinin hiçbir borcu olmamalıydı. Aynı şekilde, başkalarını günahlarından kurtaracak kişinin de günahsız olması gerekir. Eğer kurtaracak kişi günahkâr ise, kendisine günah işleyecek bir tutsak bulur. Öyleyse nasıl başkalarını günahlarından kurtarabilir?

Âdem, itaatsizlik günahını işledikten sonra, tüm torunları ilk günahla doğdu. Bu yüzden Âdem'in hiçbir torunu kurtarıcı olamaz.

Dünyevi açıdan bakarsak, İsa, Davut'un soyundandır ve ebeveynleri Yusuf ve Meryem'dir. Ancak Matta 1:20 bize şöyle der: *"onun rahminde oluşan, Kutsal Ruh'tandır."*

Her bireyin ilk günahla doğmasının sebebi, babasının spermi ve annesinin yumurtasıyla onların günahkâr niteliklerini kalıtımsal yolla almasıdır. Ancak İsa ne Yusuf'un sperminin ne de Meryem'in yumurtasının bir ürünüydü. O, Kutsal Ruh'un gücüyle Meryem'in rahminde oluştu. Çünkü Yusuf ile bir araya gelmeden önce gebe kalmıştı. Her şeye gücü yeten Tanrı, spermle yumurtanın birleşmesi olmadan Kutsal Ruh'un gücüyle bir bebeğe gebe kalınmasını sağlamaya muktedirdir.

İsa, sadece bakire Meryem'in bedenini "ödünç" almıştır. Kutsal Ruh'un gücü sayesinde Meryem'in rahminde oluştuğundan, günahkârların hiçbir vasfını kalıtımsal yolla almamıştır. Âdem'in bir torunu olmadığı ve ilk günahtan muaf olduğu için, Kurtarıcı olmanın ikinci vasfını da böylece yerine getirmiş olur.

Üçüncü olarak, nasıl toprağın kurtarıcısı toprağı kurtarmak için yeterli zenginliğe sahip olmak zorundaysa, tüm insanlığın Kurtarıcısı da şeytanı yenilgiye uğratmak ve insan ırkını şeytanın elinden kurtarmak için güç sahibi olmalıdır.

Levililer 25:26-27 bize şöyle der: *"Toprağını satın alacak yakın bir akrabası yoksa, sonradan durumu düzelir, yeterli para bulursa, satış yaptıktan sonra geçen yılları hesaplayacak ve geri kalan parayı toprağını sattığı adama ödeyip toprağına dönecek."* Diğer bir deyişle, bir kişinin toprağı geri satın alabilecek imkânı olması gerekir.

Savaş tutsaklarını kurtarmak için, bir tarafın düşmanı yenilgiye uğratacak güce ve birinin başkalarının borcunu ödemesi için o kişinin de borçları ödeyebilecek parasal imkânlara sahip olması gerekir. Aynı şekilde, tüm insanlığı şeytanın otoritesinden selamete çıkarmak için Kurtarıcının onları şeytanın elinden kurtaracak ve şeytanı yenilgiye uğratacak güce sahip olmasını gerektirir.

Günah işlemeden önce Âdem'in tüm yaratılmış canlıları yönetme gücü vardı ama günah işledikten sonra şeytanın otoritesine tabi oldu. Bundan da şeytanı yenilgiye uğratacak gücün, günahsızlıktan geldiğini kavrayabiliriz.

Tanrı'nın Oğlu İsa, tamamen günahsızdı. Kutsal Ruh tarafından Meryem'in rahminde oluştuğundan ve Âdem'in torunu olmadığından, ilk günah İsa'da mevcut değildi. Dahası, tüm yaşamı boyunca sadece Tanrı'nın Yasa'sına riayet ettiğinden, İsa'nın işlediği hiçbir günahta olmadı. Bu sebeple elçi Petrus İsa hakkında şöyle demiştir: *"O günah işlemedi, ağzından hileli söz çıkmadı. Kendisine sövüldüğünde sövgüyle karşılık vermedi, acı çektiğinde kimseyi tehdit etmedi; davasını, adaletle yargılayan Tanrı'ya bıraktı"* (1. Petrus 2:22-23).

Hiçbir günahı olmadığından, İsa, şeytanı yenilgiye uğratacak ve insanları şeytanın elinden kurtaracak güce ve otoriteye sahipti. O'nun ortaya koyduğu sayısız mucizevî harikaları ve belirtileri buna tanıklık eder. İsa, hastaları iyileştirmiş, cinleri kovmuş, körlerin görmesini, sağırların duymasını ve sakatların yürümesini sağlamıştı. Hatta dalgaları sakinleştirmiş ve ölüyü bile diriltmişti.

İsa'nın günahsız olduğu gerçeği kuşkusuz ölümden dirilmesiyle yeniden doğrulandı. Ruhani dünyanın yasasına göre günahkarlar ölümle yüzleşecektir (Romalılar 6:23). Ancak İsa, günahsız olduğu için ölümün gücü altına girmedi. Son nefesini çarmıhta verdi ve mezara gömüldü ama üçüncü gün ölümden dirildi.

Hanok ve İlyas gibi imanın büyük atalarının ölümü hiç tatmadan göklere alındıklarını unutmayın çünkü onlarda günahsızdı ve tamamıyla kutsallaşmışlardı. Aynı şekilde gömülmesinden üç gün sonra İsa, şeytanın ve iblisin otoritesini dirilerek kırdı ve tüm insanlığın Kurtarıcısı oldu.

Dördüncü olarak, nasıl toprağı kurtaracak kişi toprağını geri alacağı akrabasına sevgi besliyorsa, insan ırkının Kurtarıcısının da başkaları için hayatını feda edecek sevgiye sahip olması gerekir. Kurtarıcı yukarıda bahsi geçen ilk üç vasfa sahip olsa bile, eğer sevgisi yoksa insan ırkının Kurtarıcısı olamaz. Farz edin ki bir erkek kardeşin $100,000 borcu ve kız kardeşi de trilyoner olsun. Sevgi yoksa kız kardeş erkek kardeşinin borcunu ödemez ve kız kardeşin muazzam zenginliğinin de erkek kardeşe bir faydası olmazdı.

İsa, yeryüzüne insan bedeninde geldi, Âdem'in torunu değildi ve şeytanı yenilgiye uğratıp insan ırkını şeytanın elinden kurtaracak gücü vardı çünkü her bakımdan hiç bir günahı yoktu. Ancak sevgisi olmasaydı, İsa, insanları günahlarından kurtaramazdı. "İsa'nın insan ırkını günahlarından kurtarması" demek, onların yerine ölüm cezasını üstlenmesi demektir. İnsanları günahlarından kurtarabilmesi için, dünyanın en utanç verici günahkârlarından biri olarak çarmıha gerilmeli, her türlü aşağılanma ve hor görülmeden eza çekmeli ve ölümü pahasına tüm suyuyla kanını akıtmak zorundaydı. İsa'nın insanlığa adanmış bir sevgisi ve insan ırkını günahlarından kurtarmaya gönlü olduğundan, İsa kendisine layık görülen çarmıha gerilme cezasını hiç düşünmedi bile.

Öyleyse İsa niçin tahtadan bir çarmıha gerilmek ve ölümü pahasına kanını akıtmak zorundaydı? Yasa'nın Tekrarı 21:23 ayetinin bizlere, *"Asılan [ağaca] kişi Tanrı tarafından lanetlenmiştir"* dediği gibi ve "günahın ücretinin ölüm" olduğunu dikte eden ruhani dünyanın yasasına göre İsa, günahın lanetiyle kuşatılmış tüm insanlığı kurtarmak için ağaca asıldı. İlaveten, Levililer 17:11 ayetinin, *"'Çünkü canlılara yaşam veren kandır. Ben onu size sunakta kendinizi günahtan bağışlatmanız için verdim. Kan yaşam karşılığı günah bağışlatır."* dediği gibi, kan dökmeden günahlar bağışlanmaz. Elbette ki Levililer, hayvanların kanı yerine Tanrı'ya ince un sunmamızı bize söyler. Ancak bu tedbir hayvana gücü yetmeyenler içindi. Tanrı'nın hoşnut olduğu kan sunusu değildi. İsa, tahtadan bir çarmıha gerilerek ve çarmıhın üzerinde ölümü pahasına kan dökerek bizleri günahlarımızdan kurtardı.

Her türlü hastalıktan çeken insanlara şifa vermesine, insanları kötülüğe teslim zincirlerini gevşetmesine ve sadece iyilik yapmasına rağmen kendisini hor gören ve çarmıha gerenler için bile kurtuluş yolunu açan ve çarmıhta kanını döken İsa'nın sevgisi ne fevkalade!

Toprağın kurtulması yasasına dayanarak, insan ırkını günahlarından kurtaracak Kurtarıcının vasıflarına ancak ve ancak İsa'nın sahip olduğun sonucuna varırız.

İnsan Irkının Kurtuluş Yolu Çağlar Öncesinde Hazırlandı

İnsan ırkının kurtuluş yolu, İsa'nın çarmıhta ölmesi ve ölümün otoritesini gömüldükten üç gün sonra dirilerek yıkmasıyla açıldı. İsa'nın insan ırkının kurtuluşuyla ilgili takdiri ilahiyi tamamlamak ve insan ırkının Mesih'i olmak için bu dünyaya gelmesi, Âdem'in günahı işlediği o anda hazırlandı.

Yaratılış 3:15'de Tanrı, kadının aklını çelen yılana şöyle dedi: *"Seninle kadını, onun soyuyla senin soyunu Birbirinize düşman edeceğim. Onun soyu senin başını ezecek, Sen onun topuğuna saldıracaksın."* Burada "kadın" ruhani açıdan Tanrı'nın seçilmişleri İsrail'i simgeler ve "yılan" ise Tanrı'ya karşı gelen düşman şeytan ve iblistir. "Kadının" soyunun [yılanın] başını ezmesi, insan ırkının Kurtarıcısının İsrailliler arasından geleceği ve düşman şeytanın ölüm gücünü yenilgiye uğratacağı anlamına gelir.

Başından yara alan yılanın gücü kalmaz. Diğer bir deyişle Tanrı, yılana kadının soyunun başını ezeceğini söylediğinde, Mesih'in İsrail'de doğacağını, düşman ile iblisin otoritesini yıkacağını ve onların otoritesiyle kuşatılmış günahkarları kurtaracağını bildirmiştir.

Bunun farkına varan şeytan, başına darbeyi vurmadan önce kadının soyunu öldürmenin yollarını aramıştır. Böylece kadının soyunu öldürdüğü takdirde, sonsuza dek Âdem'in itaatsizliğiyle kendisine teslim edilen otoritenin tadına varacağına inanmıştır. Ancak düşman şeytan kadının soyunun kim olduğunu bilmiyordu ve bu yüzden Eski Ahit zamanından bu yana Tanrı'nın sadık ve sevgili peygamberlerini öldürmek için planlar yapmaya koyuldu.

Musa doğduğunda, düşman şeytan Mısır Firavun'unu, doğan her İbrani erkek çocuğunu öldürtmeye sevk etti (Mısır'dan Çıkış 1:15-22) ve İsa, insan bedeninde yeryüzüne geldiğinde, Kral Hirodes'in yüreğine de tesir ederek, Beytlehem ve bütün yöresinde bulunan iki ve iki yaşından küçük erkek çocukların hepsini öldürtmeye yöneltti. Bu sebeple Tanrı, İsa'nın ailesine göz kulak oldu ve Mısır'a kaçmalarını sağladı.

Bundan sonra İsa, Tanrı'nın Bizzat Kendisinin gözetimi altında büyüdü ve hizmete 30 yaşında başladı. Tanrı'nın isteğine göre havralarda öğreterek, insanları her türlü hastalıktan iyileştirerek, ölüyü dirilterek ve yoksullara göksel egemenliğin müjdesini duyurarak tüm Celili'yi dolaştı.

Şeytan ve iblis, baş kâhinleri, din bilginlerini ve Ferisileri kışkırttı ve onların vasıtasıyla İsa'yı öldürmeyi planlamaya başladı. Ama Tanrı'nın seçtiği vakte kadar kötü insanlar İsa'ya dokunamadılar bile. Ancak İsa'nın üç yıllık hizmetinin sonlarına doğru Tanrı, İsa'nın çarmıha gerilmesiyle kurtuluşun takdiri ilahisi yerini bulsun diye onların İsa'yı tutuklamalarına ve çarmıha germelerine izin verdi.

Yahudilerden gelen baskılara dayanamayan Romalı Vali Pilatus, İsa'nın çarmıha gerilmesi hükmüne vardı ve böylece Romalı askerler O'nun başına dikenlerden örülmüş bir taç taktı, elleri ve ayaklarından çarmıha gerdiler.

Çarmıha germe, bir suçluyu infaz etmek için en gaddar yöntemlerden biriydi. Şeytan, bu kötü insanların aracılığıyla İsa'yı çarmıha gerdirmeyi başardığında nasıl da sevinç içinde olmalı! Dünya üzerinde ki saltanatına hiç bir şeyin ve hiç kimsenin mani olamayacağını umdu ve sevinç şarkıları söyleyerek dans etti. Ancak, Tanrı'nın takdiri ilahisi işte tam burada işliyordu.

Tanrı'nın saklı bilgeliğinden gizemli biçimde söz ediyoruz. Zamanın başlangıcından önce Tanrı'nın bizim yüceliğimiz için belirlediği bu bilgeliği bu çağın önderlerinden hiçbiri anlamadı. Anlasalardı yüce Rab'bi çarmıha germezlerdi (1 Korintliler 2:7-8).

Tanrı adil olduğundan, yasayı çiğnemek noktasında mutlak iradesini kullanmaz ama her şeyi ruhani dünyanın yasasına uygun yapar. Böylece Yasa'ya uygun olarak çağlar öncesinde insan ırkının kurtuluş yolunu açmıştır.

"Günahın ücreti ölümdür" (Romalılar 6:23) diyen ruhani dünyanın yasasına göre bir birey günah işlememiş ise, varış noktası ölüm olmaz. Ancak şeytan, günahsız, lekesiz ve kusursuz İsa'yı çarmıha germiştir. Bu sebeple şeytan, ruhani dünyanın yasasını çiğnemiş ve itaatsizlik günahını işledikten sonra Âdem'in teslim ettiği otoriteyi geri verme cezasına çarptırılmıştır. Diğer bir deyişle, İsa'ya Kurtarıcıları olarak iman eden ve O'nun adına inanan insanlardan şeytan artık elini çekmek zorunda bırakılmıştır.

Eğer düşman şeytan Tanrı'nın bu hikmetini bilmiş olsaydı, İsa'yı asla çarmıha germezdi. Ancak bu sır hakkında hiçbir fikri olmadığından, sonsuza dek dünyaya hâkim olacağına kesinkes inanarak günahsız İsa'nın öldürülmesini sağladı. Aslında şeytan kendi kurduğu tuzağa düştü ve ruhani dünyanın yasasını ihlal etti. Tanrı'nın hikmeti ne olağanüstü!

Gerçektende Kutsal Kitap'ın Yaratılış bölümünde kadının soyunun yılanın başını ezeceği peygamberliğinde bulunulduğu gibi, insan ırkının kurtuluşunda Tanrı'nın takdiri ilahisinin gerçekleşmesi için şeytan bir vasıta haline dönüşmüştür.

Tanrı'nın takdiri ilahisi ve hikmetiyle, tüm insan ırkını günahlarından kurtarmak için günahsız İsa öldü ve üçüncü gün dirilerek düşman şeytanın elinde bulundurduğu ölümün otoritesini yıktı. Böylece kralların Kralı ve rablerin Rab'bi oldu. Kurtuluş yolunu açtı ki O'na olan imanlarımızla haklı çıkalım.

Bu yüzden insan tarihi boyunca sayısız insan İsa Mesih'e olan imanlarıyla kurtulmuş ve bu gün pek çoğu da Rab İsa Mesih'e teslim olmaktadır.

İsa Mesih'e İmanla Kutsal Ruh'u Alma

İsa Mesih'e iman ettiğimizde neden kurtuluşu alırız? Kurtarıcımız olarak İsa Mesih'i kabul ettiğimizde, Tanrı'dan Kutsal Ruh'u alırız. Kutsal Ruh'u aldığımızda ölmüş ruhlarımız dirilir. Kutsal Ruh, Tanrı'nın gücü ve yüreği olduğundan, Tanrı'nın çocuklarını gerçeğe yönlendirir ve onların Tanrı'nın isteğine göre yaşamalarına yardım eder.

Böylece İsa Mesih'in kendilerinin Kurtarıcısı olduğuna gerçekten inananlar, Kutsal Ruh'un arzularını izler ve Tanrı'nın isteğine göre yaşama mücadelesi verirler. Kendilerini nefretten, öfkeden, kıskançlıktan, çekememezlikten, başkalarını suçlama ve yargılama huyundan ve zinadan arındırırlar. Tüm bunların yerine gerçeğin ve iyiliğin üzerinde yürür, başkalarını anlar, onları sever ve onlara hizmet ederler.

Daha öncede bahsedildiği gibi, ilk insan Âdem iyilikle kötülüğün bilgisini taşıyan ağaçtan yiyerek günah işlediğinde, insanın ruhu öldü ve insan yıkım yoluna girdi. Ama Kutsal Ruh'u aldığımızda, ölü ruhlarımız, Kutsal Ruh'un arzuları peşi sıra gittiğimiz ve Tanrı'nın sözü üzerinde yürüdüğümüz ölçüde dirilir ve böylece gittikçe gerçeğin insanlarına dönüşür ve Tanrı'nın kaybolan suretini yeniden elde edebiliriz.

Tanrı'nın gerçeğinin sözü üzerinde yürüdüğümüzde, imanlarımız "gerçek iman" olarak onaylanır ve imanımızın eylemlerine göre günahlarımız İsa'nın kanıyla temizleneceğinden, kurtuluşa sahip olabiliriz. Bu sebeple, 1. Yuhanna 1:7 bize şöyle der: *"Ama O [Tanrı] ışıkta olduğu gibi biz de ışıkta yürürsek, birbirimizle paydaşlığımız olur ve Oğlu İsa'nın kanı bizi her günahtan arındırır."*

Günahlarımız bağışlandıktan sonra işte böyle imanımızla kurtuluş yoluna çıkarız. Ancak imanımızı dile getirmemize rağmen hala günahın üzerinde yürüyorsak, dilimizden dökülenler yalandır ve dolayısıyla Rab'bimiz İsa Mesih'in kanı ne bizi günahlarımızdan kurtarır ne de kurtuluşun teminatını verir.

Elbette ki İsa Mesih'e henüz yeni iman edenler için durum farklıdır. Onlar gerçek üzerinde yürümüyor olsalar da, Tanrı yüreklerini gözden geçirir, onların dönüşeceklerine inanır ve gerçeğe doğru ilerledikleri takdirde onları kurtuluş yoluna yönlendirir.

İsa'da Gerçekleşmiş Peygamberlikler

Tanrı'nın peygamberleri vasıtasıyla Mesih'le ilgili bildirdiği sözü, İsa 'da tamamlanmıştır. İsa'nın doğumu ve hizmetinden ölümüne, çarmıha gerilmesinden dirilişine, hayatının her yönü, tüm insanlığın Mesih'i ve Kurtarıcısı olması için Tanrı'nın takdiri ilahisi ile olmuştur.

İsa Beythlehem'de Bir Bakireden Doğmuştur

Tanrı, peygamber Yeşaya aracılığıyla İsa'nın doğumunu bildirmiştir. Tanrı'nın seçtiği bir zamanda, Yüce ve Kudretli Tanrı'nın gücü, Celile'de bulunan Nasıra adlı kente ki Meryem adında temiz bir kadına düştü ve kısa sürede hamile kaldı.

Bundan ötürü Rab'bin kendisi size bir belirti verecek: İşte, kız gebe kalıp bir oğul doğuracak; adını İmmanuel koyacak (Yeşaya 7:14).

Tanrı'nın İsraillilere, "Davut'un evinden çıkacak kralların sonu olmayacak," vaadi gibi, Mesih'in, Davut'un soyundan Yusuf ile evlenme aşamasında olan Meryem adında bir kadından doğmasını sağladı. İlk günahla doğan bir Âdem torunu, insan ırkını günahlarından kurtaramayacağından, Tanrı, Meryem ile Yusuf evlenmeden önce, Meryem'in henüz bakireyken İsa'yı doğurmasına izin vererek, önceden edilen peygamberliğin yerini bulmasını sağladı.

Ama sen, ey Beytlehem Efrata, Yahuda boyları arasında önemsiz olduğun halde, İsrail'i benim adıma yönetecek olan senden çıkacak. Onun kökeni öncesizliğe, zamanın başlangıcına dayanır (Mika 5:2).

Kutsal Kitap, İsa'nın Beytlehem'de doğacağının peygamberliğini önceden etmişti ve İsa, Kral Hirodes devrinde Yahudiye'nin Beytlehem Kenti'nde doğdu (Matta 2:1). Tarih bu olayı doğrular.

İsa doğduğu vakit, Kral Hirodes hükümdarlığına bir tehditten korktuğu için İsa'yı öldürtmeye çabaladı. Bebeği bulamadığından, Kral Hirodes Beytlehem ve bütün yöresinde bulunan iki ve iki yaşından küçük erkek çocuklarını öldürttü. Tüm yöreye ağlayışlar ve yaslar hâkim oldu.

Eğer İsa bu dünyaya Yahudilerin gerçek Kralı olarak gelmediyse, neden kral tek bir çocuk için onca çocuğu kurban etti? Bu trajedi, dünya üzerinde ki saltanatının sona ermesinden korkan şeytanın Mesih'i öldürme isteğiyle, tahtını kaybetme korkusu içinde olan Kral Hirodes'in yüreğine tesir etmesi ve Kral Hirodes'in bu canavarlığı işlemesine izin vermesiyle meydana gelmiştir.

İsa'nın Yaşayan Tanrı'ya Tanıklık Etmesi

Hizmete başlamasından önce, İsa hayatının 30 yılı yasaya sıkı sıkı bağlı kaldı. Ve kâhin olacak yaşa ulaştığında, çağların çok öncesinde planlandığı gibi Mesih olarak hizmetini devam ettirmeye başladı.

Egemen RAB'bin Ruhu üzerimdedir. Çünkü O beni yoksullara müjde iletmek için meshetti. Yüreği ezik olanların yaralarını sarmak için, Tutsaklara serbest bırakılacaklarını, Zindanlarda bulunanlara kurtulacaklarını, RAB'bin lütuf yılını, Tanrımız'ın öç alacağı günü ilan etmek, Yas tutanların hepsini avutmak, Siyon'da yas tutanlara yardım sağlamak – Kül yerine çelenk, Yas yerine sevinç yağı, Çaresizlik ruhu yerine Onlara övgü giysisini vermek – için RAB beni gönderdi. Öyle ki, RAB'bin görkemini yansıtmak için, Onlara "RAB'bin diktiği doğruluk ağaçları" densin (Yeşaya 61:1-3).

Yukarıda ki peygamberlikte de görebileceğimiz gibi, İsa, Tanrı'nın gücüyle yaşamın tüm sorunlarını çözüme ulaştırdı ve yas tutanları avuttu. Tanrı'nın seçtiği zaman geldiğinde ise, çilesini çekmek için Yeruşalim'e gitti.

Ey Siyon kızı, sevinçle coş! Sevinç çığlıkları at, ey Yeruşalim kızı! İşte kralın! O adil kurtarıcı ve alçakgönüllüdür. Eşeğe, evet, sıpaya, Eşek yavrusuna binmiş sana geliyor! (Zekeriya 9:9)

Zekeriya'nın peygamberliğine göre, İsa bir sıpa üzerinde kente girdi. Kalabalık, *"Davut Oğlu'na hozana! Rab'bin adıyla gelene övgüler olsun, En yücelerde hozana!"* (Matta 21:9), diye bağırıyordu ve tüm kent coşku içindeydi. İnsanlar böylesine sevinç içindeydiler çünkü İsa, suyun üzerinde yürümek ve ölüyü diriltmek gibi olağanüstü harikalar ve belirtiler ortaya koymuştu. Ancak kısa bir süre sonra aynı kalabalık O'na ihanet etmiş ve çarmıha germişti.

İsa'nın otorite dolu sözlerini duyduklarında ve Tanrı'nın gücünü ortaya koyan İsa'yı izleyen büyük kalabalığı gördüklerinde, kâhinler, ferisililer ve din bilginleri toplumda ki konumlarının tehdit altında olduğunu hissettiler. İsa'ya besledikleri bu derin nefret yüzünden O'nu öldürme planları yapmaya koyuldular. İsa'ya karşı her türlü yalan kanıt ürettiler ve O'nu insanları aldatmak ve kışkırtmakla suçladılar. Oysa İsa, Tanrı'nın gücünün olağanüstü işlerini sergilemişti ki, bu işler, Tanrı'nın bizzat Kendisi İsa ile olmadığı takdirde asla gerçekleşmesi mümkün değildi. Ama buna rağmen İsa'dan kurtulmaya çabaladılar.

Sonunda İsa'nın elçilerinden bir tanesi O'na ihanet etti ve kâhinler İsa'yı yakalamak için kendilerine yardım ettiğinden ona otuz gümüş ödediler. Zekeriya'nın 30 gümüş ile ilgili, *"otuz gümüşü alıp RAB'bin Tapınağı'ndaki çömlekçiye attım"* peygamberliği gerçekleşti (Zekeriya 11:12-13).

İleride otuz gümüş için İsa'ya ihanet eden adam, suçluluk duygusunun üstesinden gelemedi ve otuz gümüşü tapınağın içine fırlattı. Kahinler ise bu parayı "çömlekçi tarlasını" satın almak için harcadılar (Matta 27:3-10).

Çile ve İsa'nın Ölümü

Peygamber Yeşaya'nın ettiği peygamberlik gibi, İsa tüm insanları kurtarmak için çile çekti. Halkını günahlarından kurtarmak üzere yeryüzüne takdiri ilahiyi gerçekleştirmek için geldiğinden, lanetlenmenin sembolü olan tahtadan bir çarmıha asılarak öldü ve insanlık için bir suç sunusu olarak kurban edildi.

Aslında hastalıklarımızı o üstlendi, Acılarımızı o yüklendi. Bizse Tanrı tarafından cezalandırıldığını, Vurulup ezildiğini sandık. Oysa, bizim isyanlarımız yüzünden onun bedeni deşildi, Bizim suçlarımız yüzünden o eziyet çekti. Esenliğimiz için gerekli olan ceza Ona verildi. Bizler onun yaralarıyla şifa bulduk. Hepimiz koyun gibi yoldan sapmıştık, Her birimiz kendi yoluna döndü. Yine de RAB hepimizin cezasını ona yükledi. O baskı görüp eziyet çektiyse de Ağzını açmadı. Kesime götürülen kuzu gibi, Kırkıcıların önünde sessizce duran koyun gibi Açmadı ağzını. Acımasızca yargılanıp ölüme götürüldü. Halkımın isyanı ve hak ettiği ceza yüzünden Yaşayanlar diyarından atıldı. Onun kuşağından bunu düşünen oldu mu? Şiddete başvurmadığı, Ağzından hileli söz çıkmadığı halde, Ona kötülerin yanında bir mezar verildi, Ama öldüğünde zenginin yanındaydı. Ne var ki, RAB onun ezilmesini uygun gördü, Acı çekmesini istedi. Canını suç sunusu olarak sunarsa Soyundan gelenleri görecek ve günleri uzayacak. RAB'bin istemi onun aracılığıyla gerçekleşecek (Yeşaya 53:4-10).

Eski Ahit zamanı, bir bireyin günah işlemesinden sonra hayvan kanı bir sunu olarak Tanrı'ya sunuldu. Ancak İsa ne ilk günahı ne de bizzat kendisinin işlediği günahları içermeyen arı ve saf kanını dökerek "günahlar için sonsuza dek geçerli tek bir kurban" sundu ki tüm insanlar günahları için bağışlansın ve sonsuz yaşama kavuşsun (İbraniler 10:11-12). Böylece İsa Mesih'e olan imanla günahlardan bağışlanma ve kurtuluş yolu açıldı ve artık hayvanların kanını kurban olarak akıtmak mecburiyetinde değiliz.

İsa çarmıh üzerinde son nefesini verdiğinde, tapınaktaki perde yukarıdan aşağıya yırtılarak ikiye bölündü (Matta 27:51). Tapınak perdesi, Kutsalların Kutsalını tapınaktaki Kutsal Yerden ayıran dev bir perdeydi ve sıradan bir kişi Kutsal Yere giremezdi. Ancak başkahin senede bir kez bu yere girebilirdi.

"Tapınak perdesinin yukarıdan aşağıya yırtılarak ikiye bölünmesi", Tanrı ile bizim aramazda ki günah duvarının İsa'nın kendisini bir kefaret olarak sunmasıyla yıkılmasını simgeler. Eski Ahit zamanlarında başkahinler, İsrail halkı günahlarından kurtulsun diye kurbanlar sunar ve onların yerine Tanrı'ya dua ederlerdi. Şimdi ise Tanrı ile aramızda duran günah duvarı yıkıldığından, Tanrı ile bizler iletişime geçebiliriz. Diğer bir deyişle, her kim İsa Mesih'e inanıyorsa, Tanrı'nın kutsal tapınağına girebilir, orada O'na tapınıp dua edebilir.

Bundan dolayı ona ünlüler arasında bir pay vereceğim, Ganimeti güçlülerle paylaşacak. Çünkü canını feda etti, başkaldıranlarla bir sayıldı. Pek çoklarının günahını o üzerine aldı, Başkaldıranlar için de yalvardı (Yeşaya 53:12).

Peygamber Yeşaya'nın, Mesih'in çilesi ve çarmıha gerilmesiyle ilgili yazdığı gibi, İsa'da tüm insanların günahı için çarmıhta öldü ama O suçlularla bir sayıldı. Hatta çarmıhta ölürken dahi, Tanrı'dan kendisini çarmıha gerenler için bağışlanma diledi.

Baba, onları bağışla; Çünkü ne yaptıklarını bilmiyorlar (Luka 23:34).

Çarmıhta öldüğünde, Mezmurlar'da ki, *"Bütün kemiklerini korur, Hiçbiri kırılmaz"* (Mezmurlar 34:20) diyen peygamberlik yerini buldu. Bunun gerçekleşmesini Yuhanna 19:32-33 ayetlerinde buluruz: *"Bunun üzerine askerler gidip birinci adamın, sonra da İsa'yla birlikte çarmıha gerilen öteki adamın bacaklarını kırdılar. İsa'ya gelince O'nun ölmüş olduğunu gördüler. Bu yüzden bacaklarını kırmadılar."*

İsa, Mesih olarak Hizmetini Tamamlar

İsa, tüm insan ırkının günahlarını Çarmıh'ına taşıdı ve bir günah sunusu olarak onlar için öldü. Ama kurtuluşun takdiri ilahisi, İsa'nın ölümüyle tamamlanmadı.

Mezmurlar 16:10'da, *"Çünkü sen beni ölüler diyarına terk etmezsin, Sadık kulunun çürümesine izin vermezsin"* peygamberliği gibi ve Mezmurlar 118:17'de, *"Ölmeyecek, yaşayacağım, RAB'bin yaptıklarını duyuracağım."* Söylendiği gibi, İsa'nın bedeni çürümedi ama üçüncü gün dirildi.

Mezmurlar 68:18'de, *"Sen yükseğe çıktın, tutsakları peşine taktın, İnsanlardan, başkaldıranlardan bile armağanlar aldın, Oraya yerleşmek için, ya RAB Tanrı,"* dendiği gibi, İsa göğe yükseldi ve insan ırkının yetiştirilme sürecini tamamlayacağı ve Kendisine ait İnsanları göklere alacağı son günleri bekliyor.

Tanrı'nın Mesih ile ilgili peygamberlikle bildirdiği her şeyin tamamen İsa Mesih tarafından gerçekleştiği açıkça not düşülmüştür.

İsa'nın Ölümü ve İsrail İle İlgili Peygamberlikler

Tanrı'nın seçilmişleri İsrail, İsa'yı Mesih olarak kabul etmekte başarısız oldu. Tanrı hala seçtiği halkına sırtını dönmemiştir ve bu gün İsrail'in kurtuluşu için takdiri ilahisini yerine getirmektedir. İsa'nın çarmıha gerilmesiyle bile, Tanrı İsrail'in geleceği ile ilgili kehanetlerde bulunmuştur. Bunun nedeni onlara olan içten sevgisi ve Tanrı'nın gönderdiği Mesih'e inanıp kurtuluşa ulaşmalarına olan arzusudur.

İsa'yı Çarmıha Geren İsrail'in Cefası

Her ne kadar Romalı Vali Pilatus İsa'nın çarmıha gerilme hükmünü vermişte olsa, Pilatus'un bu kararı vermesi için ona ısrar eden Yahudilerdi. Pilatus, İsa'yı öldürmek için hiçbir sebep olmadığının farkındaydı ama kalabalık bir isyan çıkaracak noktada ona baskı yapıyor, İsa'nın çarmıha gerilmesi için bağırıyordu.

İsa'yı çarmıha germe kararını veren Pilatus suyu aldı ve kalabalığın önünde ellerini yıkayarak, *"Bu adamın kanından ben sorumlu değilim"* (Matta 27:24) dedi. Buna karşılık olarak Yahudiler şöyle bağırdı: *"O'nun kanının sorumluluğu bizim ve çocuklarımızın üzerinde olsun!"* (Matta 27:25)

M.S 70'de Yeruşalim Romalı General Titus'un eline düştü. Tapınak yıkıldı, hayatta kalanlar evlerini terk etmeye ve dünyanın dört bir köşesine dağılmaya zorlandı. Böylece diaspora başlamış oldu ve takribi 2000 sene sürdü. Bu uzun zaman zarfında, İsrail halkının katlanmak zorunda olduğu cefa kelimelerle açıklanamaz.

Yeruşalim kenti yerle bir olduğunda 1.1 milyon Yahudi katledilmiştir ve İkinci Dünya Savaş'ında takribi 6 milyon Yahudi Naziler tarafından topluca öldürülmüşlerdir. Naziler tarafından katledilirlerken, giysileri çıkarılmış ve çıplak bırakılmışlardır. Bu, İsa'nın çıplak çarmıha gerilişinde ki zamanı anımsatır.

Elbette ki İsrail'in perspektifinden bakıldığında, çektikleri cefaların İsa'yı çarmıha germenin bir sonucu olmadığında tartışırlar. Ancak İsrail tarihine baktığımızda, onların Tanrı'nın isteğine göre yaşadıkları zaman Tanrı tarafından korunup zaferden zafere koştuklarını ve kendilerini Tanrı'dan uzaklaştırdıkları zaman ise, terbiye edildiklerini, cefalarla sınamalara tabi olduklarını kolayca görürüz.

Dolayısıyla İsrail'in çektiği bu cefaların sebepsiz olmadığını biliyoruz. Eğer İsa'nın çarmıha gerilmesi Tanrı'nın gözünde uygun olsaydı, Tanrı neden uzunca bir süre sona ermeyen ve ağır ıstırapların ortasında onları terk etsin ki?

İsa'nın Giysisiyle Mintanı ve İsrail'in Geleceği

İsrail'in üzerine düşecek şeyleri önceden belirleyen bir diğer olay ise, İsa'nın çarmıha gerildiği mekânda meydana geldi. Mezmurlar 22:18 ayetinde, *"Giysilerimi aralarında paylaşıyor, Elbisem için kura çekiyorlar,"* dendiği gibi, Romalı askerler İsa'yı çarmıha gerdikten sonra giysilerini alıp her birine birer pay düşecek biçimde dört parçaya böldüler, mintanı için kura çektiler ve askerlerden biri mintanı beraberinde götürdü.

Peki, bu olay İsrail'in geleceğiyle nasıl bağlantılıdır? İsa, Yahudilerin Kralı olduğundan, O'nun giysileri de ruhani açıdan Tanrı'nın seçilmişleri olan İsrail halkını ve ulusunu simgeler. İsa'nın giysilerinin dört parçaya bölünerek şeklinin bozulması, İsrail ulusunun yıkılıp dört bir yana dağılacağını önceden bildirir. Ancak giysilerin paylarının kalması, İsrail devleti yıkılsa da isminin kalacağını da önceden bildirir.

Romalı askerlerin İsa'nın giysilerini alıp dörde bölmeleri ve aralarında paylaştıkları gerçeği ne anlam taşır? Bu olay, İsrail halkının Roma tarafından yıkılacağını ve dört bir yana dağılacağını simgeler. Bu peygamberlik, Yeruşalim'in düşmesi ve Yahudileri dünyanın dört bir yanına yayılmaya zorlayan İsrail devletinin yıkılmasıyla yerine gelmiştir.

İsa'nın mintanıyla ilgili Yuhanna 19:23 şöyle yazar: *"Mintan boydan boya tek parça dikişsiz bir dokumaydı."* Mintanın "dikişsiz" olması, onun birden fazla parçanın birbirine eklenmesiyle oluşmamış olduğunu belirtir.

Pek çok insan giysilerinin nasıl yapıldığıyla ilgilenmez.

Öyleyse Kutsal Kitap, İsa'nın mintanından neden bu kadar detaylı bahseder? Bunda, İsrail halkının başına gelecek olaylar peygamberlikle duyurulur.

İsa'nın mintanı, İsrail ulusunun Tanrı'ya hizmet ettikleri yüreği simgeler. Mintanın "dikişsiz" ve tek parçadan olması gerçeği, İsrail'in Tanrı'ya karşı olan yüreğinin ataları Yakup'tan bu yana süregeldiğini ve hiçbir koşulda sarsılmadığının bir işaretidir.

İbrahim, İshak ve Yakup'u izleyen on iki oymakla uluslarını kurmuş ve yabancılarla evlenmeyerek bir ulus olarak saf kalmaya sıkı sıkıya tutunmuşlardır. Kuzeyde ki İsrail Krallığı ve güneyde ki Yahuda Krallığı diye ikiye ayrıldıktan sonra, kuzey krallıkta kalanlar yabancılarla evlendi ama Yahuda homojen bir ulus olarak kalmaya devam etti. Hatta bu gün dahi Yahudiler, imanın babaları zamanına kadar giden kimliklerini korurlar.

Dolayısıyla İsa'nın giysileri dört parçaya bölünmüş olmasına rağmen mintanı tek parça olarak kalmıştır. Bu olay, İsrail devleti her ne kadar yıkılsa da, İsrail halkının Tanrı'ya karşı olan yüreklerinin ve O'na olan imanlarının yok olamayacağını simgeler. Sarsılmayan bir yüreğe sahip olduklarından, Tanrı onları Seçilmişleri olarak seçti ve onların vasıtasıyla planını ve isteğini bu güne dek gerçekleştirmektedir. İki binli seneleri geçerken dahi, İsrail ulusu Yasa'ya hala sıkı sıkıya bağlıdır. Bunun nedeni Yakup'un değişmeyen yüreğini miras almalarıdır.

Bunun neticesinde, ülkelerini kaybettikten 1900 sene sonra, 14 Mayıs 1948 yılında bağımsızlıklarını ilan ederek ve devletlerini yeniden kurarak tüm dünyayı şaşırtmışlardır.

Sizi uluslar arasından alacak, bütün ülkelerden toplayıp ülkenize geri getireceğim (Hezekiel 36:24).

Atalarınıza verdiğim ülkede yaşayacak, benim halkım olacaksınız, ben de sizin Tanrınız olacağım (Hezekiel 36:28).

Eski Ahit'te, *"Uzun zaman sonra savaşa çağrılacaksın"* peygamberliğinde bulunulduğu gibi, *"Gelecek yıllarda,"* İsrail halkı Filistin'e akın ederek yeniden devletlerini kurdular (Hezekiel 38:8). Dahası, dünyanın en güçlü ülkelerinden biri haline dönüşerek, bir kez daha bir ulus olarak tüm dünyaya üstün özelliklerini gösterdiler.

Tanrı, İsrail'in İsa'nın Dönüşüne Hazırlanmasını Arzuluyor

Tanrı, yeniden kurulan İsrail'in, Mesih'in geri dönüşüne hazırlanmasını arzular. İsa, takribi 2000 sene önce İsrail topraklarına geldi, insan ırkının kurtuluşunun takdiri ilahisini tamamen yerine getirdi ve onların Kurtarıcısı ve Mesih'i oldu. Göğe yükseldiğinde, geri geleceğini vaat etti ve şimdi ise Tanrı, Seçilmişlerinden gerçek bir imanla Mesih'in gelişini beklemelerini istemektedir.

İsa Mesih tekrar geldiğinde, eski püskü bir yemliğe gelmeyecek ve iki bin yıl önce çektiği çarmıha gerilme cezasını çekmeyecektir. Ama bunun yerine göksel varlıkların ve meleklerin buyruğuyla görünecek ve bu dünyada ki herkesin görmesi için Tanrı'nın görkemiyle kralların Kralı ve rablerin Rab'bi olarak yeryüzüne geri gelecektir.

İşte bulutlarla geliyor! Her göz O'nu görecek, O'nun bedenini deşmiş olanlar bile. O'nun için dövünecek yeryüzünün bütün halkları. Evet, böyle olacak! Amin (Vahiy 1:7).

O vakit geldiğinde, inanan ve inanmayan tüm insanlar Rab'bin havada dönüşünü göreceklerdir. O gün, İsa'nın tüm insanlığın Kurtarıcısı olduğuna inananlar bulutlar içinde alınıp götürülecek ve göklerde ki Düğün Şölenine katılacaklardır. Geride kalanlar ise matem tutacaklardır.

Tanrı nasıl ilk insan Âdem'i yaratmış ve insan ırkının yetiştirilmesini başlatmış ise, kesinlikle bunun da bir sonu gelecektir. Tıpkı bir çiftçinin ekini ekmesi ve hasadı toplaması gibi, yetiştirilmekte olan insan ırkının hasadının da alınacağı bir zaman olacaktır. Tanrı'nın insan ırkını yetiştirme süreci, İsa Mesih'in İkinci Gelişiyle tamamlanacaktır.

İsa, Vahiy 22:7'de şöyle der: *"İşte tez geliyorum! Bu kitaptaki peygamberlik sözlerine uyana ne mutlu!"* Yaşadığımız zaman, son zamanlardır. İsrail'e olan ölçülmez sevgisiyle, Tanrı tarih boyunca Halkını bilgilendirdi ki Mesih'i kabul etsinler. Tanrı içtenlikle sadece seçilmişi İsrail'in değil, ama insan ırkının yetiştirilme süreci bitmeden tüm insanların İsa Mesih'e iman etmelerini arzular.

Hristiyanlar Tarafından Eski Ahit Olarak Bilinen Tevrat

3. Bölüm
İsrail'in İnandığı Tanrı

Yasa ve Töre

Tanrı, seçilmiş halkı İsrail'i Mısır'dan çıkarıp vaat edilen Kenan diyarına yönlendirirken, Sina Dağının zirvesine indi. Sonra RAB Tanrı, Mısır'dan Çıkış'ın lideri Musa'yı çağırdı ve kâhinler Kendisine yaklaşırken kendilerini adamaları gerektiğini söyledi. Bunlara ek olarak Tanrı, Musa'nın aracılığıyla halka On Buyruk ile diğer yasaları verdi.

Musa, Tanrı Yehova'nın bütün buyruklarını, ilkelerini halka anlattığında, herkes bir ağızdan *"RAB'bin her söylediğini yapacağız"* dedi (Mısır'dan Çıkış 24:3). Ancak Tanrı'nın çağrısı üzerine Sina Dağı'na gittiğinde, halk Harun'dan buzağı biçiminde dökme bir put yapmasını istedi ve puta tapmak gibi büyük bir günah işledi.

Hem Tanrı'nın seçilmişleri olup hem de böyle büyük bir günaha nasıl imza atabildiler? Âdem'den bu yana itaatsizlik günahını işleyen adamlar, Âdem'in torunlarıdır ve hepside günahkâr doğalarla doğmuştur. Yüreklerinin sünnetini gerçekleştirerek kutsallaşmadan önce, günah işlemeye mecbur hissederler. Bu sebeple Tanrı tek Oğlu İsa'yı göndermiştir ve İsa'nın çarmıha gerilmesiyle insanlığa tüm günahlarından bağışlanabileceği kapıyı açmıştır.

Öyleyse Tanrı yasayı neden vermiştir? Tanrı'nın Musa aracılığıyla verdiği On Buyruk, ilkeler ve emirler, yasa olarak bilinir.

Yasa Aracılığıyla Tanrı Onları Sütün ve Balın Aktığı Diyarlara Taşımıştır

Tanrı'nın İsrail halkına Mısır'dan Çıkış esnasında verdiği yasanın nedeni ve amacı, sütün ve balın aktığı Kenan diyarına girerek alacakları kutsamaların tadına varmalarıdır. İsrail halkı yasayı doğrudan Musa'dan aldı, ama Tanrı ile antlaşmalarına sadık kalmadılar ve içinde putperestlikle zina olmak üzere pek çok günah işlediler. Sonunda çölde ki 40 yıl zarfında pek çokları günah içinde öldü.

Eski Ahit'in Yasa'nın Tekrarı bölümü, Musa'nın son sözlerine göre yazılmıştır ve Tanrı ile antlaşmayı ve yasayı derinlemesine inceler. Yeşu ile Kalev dışında Mısır'dan Çıkış neslinin pek çoğu öldüğünde ve İsrail halkını terk edeceği vakit geldiğinde, Musa, Mısır'dan Çıkış'ın ikinci ve üçüncü neslinden Tanrı'yı sevmelerini ve O'nun buyruklarını tutmalarını şiddetle istedi.

Şimdi, ey İsrail halkı, Tanrınız RAB sizden ne istiyor?
Yalnız şunu istiyor: Tanrınız RAB'den korkun, O'nun
yollarında yürüyün, O'nu sevin; bütün yüreğinizle,

bütün canınızla O'na kulluk edin; üzerinize iyilik gelsin diye bugün size bildirdiğim buyruklarına, kurallarına uyun (Yasa'nın Tekrarı 10:12-13).

Tanrı onların yürekleriyle ve gönülden itaat etmeleri ve itaatleriyle Tanrı'ya olan sevgilerini tasdik etmeleri için yasayı vermiştir. Tanrı, onları kısıtlamak ve bağlamak için yasayı vermemiş ama onların itaat eden yüreklerini kabul edip kutsamayı istemiştir.

Bugün size verdiğim bu buyrukları aklınızda tutun. Onları çocuklarınıza benimsetin. Evinizde otururken, yolda yürürken, yatarken, kalkarken onlardan söz edin. Bir belirti olarak onları ellerinize bağlayın, alın sargısı olarak takın. Evlerinizin kapı sövelerine, kentlerinizin kapılarına yazın (Yasa'nın Tekrarı 6:6-9).

Bu ayetlerle Tanrı onlara yasayı yüreklerinde nasıl taşıyacaklarını, öğreteceklerini ve uygulayacaklarını söylemiştir. Çağlar boyunca ve bu gün bile Musa'nın Beş Kitap'ında yazılı buyruk ve ilkeler ezberlenerek tutulmakta ama yasaya uymanın odağı dışa dönük ifade bulmaktadır.

Yasa ve Ataların Töresi

Örneğin yasa, Şabat gününün kutsal sayılmasını buyurdu ama otomatik kapıların, asansörlerin ve yürüyen merdivenlerin kullanımından iş mektuplarının, pasaportların ve diğer zarfların açılmasına kadar gelen yasaklarla bu buyruğu genişleten pek çok detaylı töreyi uygulanmaktadır. Ataların töreleri nasıl doğdu?

Tanrı'nın Tapınağı yıkıldığında ve İsrail halkı Babil'e tutsaklar olarak götürüldüğünde, tüm yürekleriyle Tanrı'ya hizmet etmedikleri için bu duruma düştüklerini düşündüler. Tanrı'ya daha hakkıyla hizmet etmeye ve geçen zamanla değişen durumlara yasayı uygulama ihtiyacını duydular. Böylece pek çok ağır kaideler getirdiler.

Bu kaideler, Tanrı'ya bütün bir yürekle hizmet edebilme görüşüyle tesis edildi. Yani, günlük yaşantılarında yasayı tutabilmek için hayatın her yönünü detaylandıran pek çok ağır kaideler koydular.

Bazen bu ağır kaideler, yasayı koruma rolünü üstleniyordu. Ama zaman geçtikçe, yasanın içinde gömülü olan gerçek anlamını atladılar ve yasayı uygulamanın dışa dönük görüntüsüne büyük önem isnat ettiler. Bu şekilde yasanın gerçek anlamından saptılar.

Tanrı, yasayı eylemlerle dışa dönük uygulamaya önem vermekten çok, yasayı tutan insanların yüreklerine bakar ve o yürekleri kabul eder. Dolayısıyla, gerçekten Kendisini onurlandıranları bulmak ve Kendisine itaat edenleri kutsamak için yasayı vermiştir. Eski Ahit zamanı insanlarının pek çoğu yasayı tutmuş görünseler de, aynı zaman da yasayı ihlal eden pek çok insanda vardı.

"Ne olurdu, sunağımda boşuna ateş yakmayasınız diye aranızda tapınağın kapılarını kapatan biri olsaydı! Ben sizden hoşnut değilim diyor Her Şeye Egemen RAB, Getireceğiniz sunuları da kabul etmeyeceğim" (Malaki 1:10).

Din bilginleri ve ataların İsa'yı karalamalarının ve O'nun öğrencileri suçlamalarının nedeni yasaya itaatsizlik etmeleri değil, ataların töresini çiğnedikleri içindi. Bu durum Matta'da çok iyi anlatılır.

Öğrencilerin neden atalarımızın töresini çiğniyor? Yemekten önce ellerini yıkamıyorlar (Matta 15:2).

Bunun üzerine İsa, öğrencilerinin Tanrı'nın buyruğunu değil ama ataların töresini çiğnediklerini söyledi. Tabii ki, dışa dönük bir eylemle yasayı uygulamak önemlidir ama yasanın içinde gömülü olan Tanrı'nın gerçek isteğini kavramak çok daha fazla önemlidir.

Ve İsa onları yanıtlayıp şöyle dedi:

Ya siz, neden töreniz uğruna Tanrı buyruğunu çiğniyorsunuz? Çünkü Tanrı şöyle buyurdu: 'Annene babana saygı göstereceksin'; 'Annesine ya da babasına söven kesinlikle öldürülecektir.' Ama siz, 'Her kim anne ya da babasına, benden alacağın bütün yardım Tanrı'ya adanmıştır derse, artık babasına saygı göstermek zorunda değildir' diyorsunuz. Böylelikle, töreniz uğruna Tanrı'nın sözünü geçersiz kılmış oluyorsunuz (Matta 15:3-6).

Ayrıca bir sonra ki ayetlerde İsa şöyle demiştir:

Ey ikiyüzlüler! Yeşaya'nın sizinle ilgili şu peygamberlik sözü ne kadar yerindedir: 'Bu halk dudaklarıyla beni sayar, Ama yürekleri benden uzak. Bana boşuna taparlar. Çünkü öğrettikleri, sadece insan buyruklarıdır' (Matta 15:7-9).

İsa, halkı yanına çağırdıktan sonra onlara şöyle dedi:

Dinleyin ve şunu belleyin. Ağızdan giren şey insanı kirletmez. İnsanı kirleten ağızdan çıkandır (Matta 15:10-11).

Tanrı'nın çocukları, anne ve babalarını On Emir'de yazıldığı gibi onurlandırmalıdırlar. Ama Ferisiler, mal varlıklarıyla anne ve babalarına hizmet eden ve onları onurlandıran çocukların, mal varlıklarını Tanrı'ya sundukları takdirde böylesi bir görevden muaf tutulacaklarını öğrettiler.

Hayatı her açıdan detaylandıran öylesine çok kaideler getirdiler ki Yahudi olmayan halklar bile ataların bu törelerini sıkı sıkıya tutmaya cesaret edemediler ama onlar Tanrı'nın seçilmişleri olarak çok iyi işler yaptıklarını düşünüyordu.

İsrail'in İnandığı Tanrı

İsa, hastaları Şabat günü iyileştirdiğinde Ferisiler O'nu Şabat gününü çiğnemekle suçladılar. Bir gün İsa bir havraya girdi ve Ferisilerin karşısında durmuş elleri soluk bir adamı izledi. İsa onları uyandırmak ve sorgulamak için şu sözleri sarf etti:

> *Kutsal Yasa'ya göre Şabat Günü iyilik yapmak mı doğru, kötülük yapmak mı? Can kurtarmak mı doğru, can almak mı?* (Markos 3:4)

> *Hanginizin bir koyunu olur da Şabat Günü çukura düşerse onu tutup çıkarmaz? İnsan koyundan çok daha değerlidir! Demek ki, Şabat Günü iyilik yapmak Yasa'ya uygundur* (Matta 12:11-12).

Ferisiler, ataların töreleriyle şekillenen yasanın çerçeveleriyle, ben-merkezli düşünceler ve toplumsal davranışlarla dolu olduklarından, yasada gömülü olan Tanrı'nın gerçek isteğini kavramamakla kalmadılar ama ayrıca yeryüzüne Kurtarıcı olarak gelen İsa'yı tanımakta da başarısız oldular.

İsa sıklıkla onlara işaret ederek gittikleri yanlış yollardan dönmeleri ve tövbe etmeleri için uyardı. Tanrı'nın onlara verdiği yasanın gerçek amacını ihmal ettikleri ve yasayı dışa dönük eylemlerle değiştirdikleri için onları azarladı.

Vay halinize ey din bilginleri ve Ferisiler, ikiyüzlüler! Siz nanenin, dereotunun ve kimyonun ondalığını verirsiniz de, Kutsal Yasa'nın daha önemli konularını – adaleti, merhameti, sadakati – ihmal edersiniz. Ondalık vermeyi ihmal etmeden asıl bunları yerine getirmeniz gerekirdi (Matta 23:23).

Vay halinize ey din bilginleri ve Ferisiler, ikiyüzlüler! Bardağın ve çanağın dışını temizlersiniz, oysa bunların içi açgözlülük ve taşkınlıkla doludur (Matta 23:25).

Roma İmparatorluğu'nun kontrolü altında ki İsrail halkı kafalarında ki Mesih'i büyük bir güç ve şeref ile gelecek, kendilerini baskıcıların ellerinden kurtaracak ve tüm ulusların üzerinde hâkim kılacak biri olarak resmettiler.

O esnada ise marangozdan bir adam doğdu; terk edilmişlerle, hastalarla ve günahkârlarla arkadaşlık etti; Tanrı'yı "Baba" diye çağırdı ve O'nun dünyanın ışığı olduğuna tanıklık etti. Onları günahları yüzünden azarladığında, kendi ölçütlerine göre yasayı tutan ve kendilerinin doğru insanlar olduklarını ilan edenlerin yüreklerine, sözleri bir hançer gibi saplandı ve sebepsiz yere İsa'yı çarmıha gerdiler.

Tanrı Bizlerden Bağışlama ve Sevgiye Sahip Olmamızı İster

Ferisiler, Yahudiliğin kaidelerine sıkı sıkıya uydular ve yıllar boyu süregelen görenek ve töreleri kendi yaşamları kadar değerli tuttular. Roma İmparatorluğu için çalışan vergi görevlilerini günahkârlar olarak gördüler ve onlardan kaçındılar.

Matta 9:10 ayetinden itibaren, İsa'nın Matta adında ki vergi toplama görevlisinin evinde sofrada oturduğu ve birçok vergi görevlisiyle günahkârın gelip O'nunla ve öğrencileriyle birlikte aynı sofrada olduğu anlatılır. Bunu gören ferisiler İsa'nın öğrencilerine şöyle sorarlar: "Sizin öğretmeniniz neden vergi görevlileri ve günahkârlarla birlikte yemek yiyor?" Öğrencilerini suçlayan ferisileri duyan İsa, onlara Tanrı'nın yüreğini anlatır. Tanrı değişmeyen sevgi ve merhametini, yürekten tövbe edip günahlarından dönenlere verir.

Matta 9:12-13 ayetleri şöyle devam eder: "İsa bunu duyunca şöyle dedi: *"Sağlamların değil, hastaların hekime ihtiyacı var. Gidin de, 'Ben kurban değil, merhamet isterim' sözünün anlamını öğrenin. Çünkü ben doğru kişileri değil, günahkârları çağırmaya geldim."*

Ninova halkının kötülüğü göklere ulaştığında, Tanrı Ninova kentini yok etmek üzereydi. Ama bunu yapmadan önce, Tanrı peygamberi Yunus'u göndererek günahlarından tövbe etmelerini sağladı. İnsanlar oruç tuttu, günahlarından tamamıyla tövbe etti ve Tanrı'da onları yok etme kararından vazgeçti. Ancak ferisiler, yasayı çiğneyenler için yargılanmaktan başka bir seçimin olmadığını düşünüyorlardı. Yasanın en önemli parçası, sarsılmayan sevgi ve bağışlamadır. Ancak ferisiler, sevgiyle bağışlamak yerine birini yargılamanın çok daha doğru ve değerli olduğunu düşündüler.

Eğer bizlerde aynı şekilde bizlere yasayı veren Tanrı'nın yüreğini anlamazsak, kendi düşüncelerimiz ve teorilerimizle her şeyi yargılamaya mecbur hissederiz ve bu yargılar Tanrı'ya karşı ve hatalıdır.

Tanrı'nın Yasayı Vermesinin Gerçek Amacı

Tanrı yeri ve göğü, onların içinde ki her şeyi ve Kendi yüreğini yansıtan gerçek çocuklarını kazanmak için insanı yarattı. Bu amaçla, Tanrı halkına şöyle seslendi: *"kutsal olun. Çünkü ben kutsalım"* (Levililer 11:44). Tanrı sadece görüntüde değil ama yüreğimizden kötülükleri söküp atarak lekesiz olduğumuzda kendisinden korktuğumuzu düşünür.

İsa'nın zamanında ferisiler ve din bilginlerinin, yüreklerin kutsallaşmasından ziyade, sunulara ve yasayı uygulayan eylemlere çok büyük ilgisi vardı. Tanrı kurbandan ziyade alçakgönüllü bir ruhtan hoşnut olur (Mezmurlar 51:16-17), dolayısıyla Tanrı bizlere yasayı günahlarımızdan tövbe etmemiz ve yasanın vasıtasıyla günahlarımızdan uzaklaşmamız için vermiştir.

Tanrı'nın Gerçek İsteği Eski Ahit'in Yasasında Gömülüdür

Tüm bunlar, İsrail halkının yasaya uyarken Tanrı sevgisini içlerinde taşımadıkları anlamına gelmez. Ama Tanrı'nın onlardan yapmalarını istediği ilk şey, yüreklerini kutsallaştırmalarıdır ve ciddi anlamda peygamber Yeşaya aracılığıyla onları azarlamıştır.

"Kurbanlarınızın sayısı çokmuş, Bana ne? diyor RAB, Yakmalık koç sunularına, Besili hayvanların yağına doydum. Boğa, kuzu, teke kanı değil istediğim. Huzuruma geldiğinizde Avlularımı çiğnemenizi mi istedim sizden? Anlamsız sunular getirmeyin artık. Buhurdan iğreniyorum. Kötülük dolu törenlere, Yeni Ay, Şabat Günü kutlamalarına Ve düzenlediğiniz toplantılara dayanamıyorum" (Yeşaya 1:11-13).

Yasaya uymanın gerçek anlamı, dışa vurulan eylemler değil, ama aynı zamanda yürekten gönüllülüktür. Dolayısıyla Tanrı, kutsal mekânlara girerken sadece alışkanlık ve sığ eylemlerin bir ürünü olan çoklu kurbanlardan hoşnut değildi. Yasaya göre ne kadar çok kurban sunmuş olurlarsa olsunlar, Tanrı bunların hiçbirinden hoşnut kalmadı çünkü yürekleri Tanrı'nın isteğine uygun yürekler değildi.

Dualarımız içinde durum aynıdır. Dualarımızda sadece duanın eylemi değil ama yüreklerimizin duruşu çok daha önemlidir. Mezmurlar 66:18'de şöyle denir: *"Yüreğimde kötülüğe yer verseydim, Rab beni dinlemezdi."*

Tanrı, İsa'nın vasıtasıyla gösteriş ve ikiyüzlü dualardan değil ama yürekten kopan içten dualardan hoşnut kaldığını bizlere bildirdi.

Dua ettiğiniz zaman ikiyüzlüler gibi olmayın. Onlar, herkes kendilerini görsün diye havralarda ve caddelerin köşe başlarında dikilip dua etmekten zevk alırlar. *Size doğrusunu söyleyeyim, onlar ödüllerini almışlardır. Ama siz dua edeceğiniz zaman iç odanıza çekilip kapıyı örtün ve gizlide olan Babanız'a dua edin. Gizlilik içinde yapılanı gören Babanız sizi ödüllendirecektir* (Matta 6:5-6).

Aynı şey günahlarımızdan tövbe ederken de geçerlidir. Günahlarımızdan tövbe ettiğimizde, Tanrı bizden giysilerimizi yırtmamızı veya küller arasında yas tutmamızı istemez; yüreklerimizi parçalamamızı ve yüreğimizin derinliklerinden tövbe etmemizi ister. Tövbe eyleminin kendisinin bir önemi yoktur. Ancak yüreğimizden günahlarımız için tövbe ettiğimizde ve onlara sırtımızı döndüğümüzde, Tanrı tövbemizi kabul eder.

"RAB diyor ki, "Şimdi oruç tutarak, ağlayıp yas tutarak Bütün yüreğinizle bana dönün. Giysilerinizi değil, Yüreklerinizi paralayın Ve Tanrınız RAB'be dönün. Çünkü RAB lütfeder, acır, Tez öfkelenmez, sevgisi engindir, Cezalandırmaktan vazgeçer" (Yoel 2:12-13).

Diğer bir deyişle, Tanrı, yasaya salt uyma eyleminden ziyade yasayı yerine getirenlerin yüreklerini kabul etmeyi arzular. Kutsal Kitap'ta bu "yüreğin sünneti" olarak açıklanır. Vücudumuzun sünnetini gerçekleştirdiğimiz gibi yüreklerimizin de sünnetini de gerçekleştirebiliriz.

Tanrı'nın İstediği Yüreğin Sünneti

Ayrıntılı olarak yüreğin sünnetinden ne kastedilir? Yüreğin sünnetiyle, çekememezlik, kıskançlık, çabuk kızma, kin, zina, yalan, aldatma, yargılama ve suçlama gibi her türlü kötü şeyin "kesilip" atılması kastedilir. Günahları ve kötülükleri yüreklerinizden kesip attığınızda ve yasaya uyduğunuzda, Tanrı bunu mükemmel itaat olarak kabul eder.

Ey sizler, Yahuda halkı ve Yeruşalim'de yaşayanlar, Kendinizi RAB'be adayın, Bunu engelleyen her şeyi yüreğinizden uzaklaştırın. Yoksa yaptığınız kötülüklerden ötürü Öfkem ateş gibi yağacak, Her şeyi yiyip bitirecek Ve söndüren olmayacak (Yeremya 4:4).

Yüreklerinizi RAB'be adayın, bundan böyle dikbaşlı olmayın (Yasa'nın Tekrarı 10:16).

Mısır'ı, Yahuda'yı, Edom'u, Ammon'u, Moav'ı, çölde yaşayan ve zülüflerini kesenlerin hepsini cezalandıracağım. Çünkü bütün bu uluslar gerçekte sünnetsiz, bütün İsrail halkı da yürekte sünnetsizdir (Yeremya 9:26).

Sizin ve çocuklarınızın yüreğini değiştirecek. Öyle ki, O'nu bütün yüreğinizle, bütün canınızla sevesiniz ve yaşayasınız (Yasa'nın Tekrarı 30:6).

Böylece Eski Ahit, bizleri yüreklerimizin sünnetini gerçekleştirmemiz için uyarır. Ancak yüreklerinin sünnetini gerçekleştirmiş olanlar Tanrı'yı tüm yürekleri ve ruhlarıyla sevebilirler.

Tanrı, çocuklarından kutsal ve mükemmel olmalarını ister. Yaratılış 17:1'de Tanrı, İbrahim'e "kusursuz ol" demiştir, Levililer 19:2'de ise, İsrail halkına "kutsal olun" diye buyurmuştur.

Yuhanna 10:35'de, *"Tanrı, kendilerine sözünü gönderdiği kimseleri ilahlar diye adlandırır. Kutsal Yazı da geçerliliğini yitirmez"* ve 2. Petrus 1:4'de ise, *"O'nun yüceliği ve erdemi sayesinde bize çok büyük ve değerli vaatler verildi. Öyle ki, dünyada kötü arzuların yol açtığı yozlaşmadan kurtulmuş olarak, bu vaatler aracılığıyla tanrısal özyapıya ortak olasınız"* denir.

Eski Ahit zamanı insanlar, yasaya uyan eylemlerle kurtulabilirken, Yeni Ahit zamanında ancak yasayı sevgiyle tamamlayan İsa Mesih'e iman ederek kurtulabildiler.

Eski Ahit zamanları, her ne kadar gerçeğe dökmeseler de, adam öldürmek, nefret etmek, zina etmek ve yalan söylemek gibi günahkâr arzuları taşısalar dahi eylemleriyle kurtulmaları mümkündü. O zamanlar Kutsal Ruh içlerinde yaşamıyordu ve kendi güçleriyle günahkâr arzularını söküp atamıyorlardı. Dolayısıyla bu günahkâr düşünceleri eylem olarak dışa vurmadıkları sürece günahkârlar olarak görülmediler.

Ancak Yeni Ahit zamanında kurtuluşa ancak imanla yüreklerimizin sünnetini gerçekleştirdiğimiz takdirde ulaşabiliriz. Kutsal Ruh bizlerin günahı, doğruluğu ve yargıyı bilmesini sağlar ve bizlerin Tanrı'nın sözüne göre yaşamasına yardım eder; böylece gerçek dışılığı ve günahkâr doğayı söküp atabilir ve yüreklerimizi sünnet edebiliriz.

İsa Mesih'e iman yoluyla kurtuluş, biri İsa Mesih'i Kurtarıcı olarak kabul ettiği ya da Kurtarıcı olduğuna inandığı için kolayca verilen bir şey değildir. Ancak Tanrı'yı sevdiğimiz ve imanla gerçek üzerinde yürüyerek yürekte ki tüm kötülükleri attığımızda, Tanrı bunu gerçek iman olarak kabul eder ve bizlere sadece kurtuluş yolunda rehberlik etmekle kalmaz ama ayrıca hayretlere düşürücü kutsama ve yanıtlara da yönlendirir.

Tanrı Nasıl Hoşnut Edilir?

Tanrı'nın bir çocuğunun eylemleriyle günah işlememesi doğal bir durumdur. Dolayısıyla yüreğin gerçeğe aykırı yanlarını ve günahkâr arzuları söküp atmak ve Tanrı'nın kutsallığını yansıtmakta ayrıca doğal bir durumdur. Eylemlerinizle günah işlemiyor ama Tanrı'nın istemediği günahkâr arzuları içinizde taşıyorsanız, Tanrı nazarında doğru sayılmazsınız.

Bu sebeple Matta 5:27-28 ayetlerinde şöyle yazılır: *"Zina etmeyeceksin' dendiğini duydunuz; Ama ben size diyorum ki, bir kadına şehvetle bakan her adam, yüreğinde o kadınla zina etmiş olur."*

1. Yuhanna 3:15'de şöyle der: *"Kardeşinden nefret eden*

katildir. Hiçbir katilin sonsuz yaşama sahip olmadığını bilirsiniz." Bu ayet bizleri yürekte ki nefreti söküp atmamız için uyarır.

Tanrı'nın hoşnutluk veren isteğine uygun olarak sizden nefret eden düşmanlarınıza karşı nasıl davranmalısınız?

Eski Ahit zamanının yasası bizlere şöyle der: *"Göze göz, dişe diş"* Diğer bir deyişle, yasa şöyle söyler: *"ona ne yaptıysa kendisine de aynı şey yapılacaktır."* Bu, sıkı kaidelerle bir kişinin bir başkasını incitmesini veya zarar vermesini önlemek içindi. Çünkü Tanrı, insan ırkının kendisine yapılanı daha fazlasıyla karşısındakine geri ödeme eğiliminde olduğunu bilir.

Kral Davut'un, Tanrı'nın yüreği peşinde giden biri olduğu söylenir. Kral Saul kendisini öldürmeyi denediğinde, Davut, Kral Saul'un onca kötülüğüne rağmen hiçbir şekilde kötülükle karşılık vermedi ama son ana kadar Saul'a iyilikle karşılık verdi. Davut, yasada gömülü olan gerçek anlamı gördü ve sadece Tanrı'nın sözüne göre yaşadı.

Öç almayacaksın. Halkından birine kin beslemeyeceksin. Komşunu kendin gibi seveceksin. RAB benim (Levililer 19:18).

Düşmanın düşüşüne keyiflenme, Sendelemesine sevinme (Özdeyişler 24:17).

Düşmanın acıkmışsa doyur, Susamışsa su ver (Özdeyişler 25:21).

'Komşunu seveceksin, düşmanından nefret edeceksin' dendiğini duydunuz. Ama ben size diyorum ki, düşmanlarınızı sevin, size zulmedenler için dua edin (Matta 5:43-44).

Yukarıda ki ayetlere göre, eğer yasaya uyar ama size sıkıntı veren birini bağışlamazsanız, Tanrı sizden hoşnut kalmaz. Çünkü Tanrı bizlere düşmanlarımızı bile sevmemizi söylemiştir. Yasayı, Tanrı'nın sizlerden istediği bir yürekle uyguladığınızda, Tanrı'nın sözüne tamamen itaat etmiş sayılırsınız.

Tanrı'nın Sevgisinin Bir işareti Olan Yasa

Sevgi Tanrı'sı bizlere sonu gelmez kutsamalar vermeyi arzular; ama adaletin Tanrı'sı olduğu için, günah işlediğimiz ölçüde bizleri şeytanın eline teslim etmekten başka çaresi yoktur. Bu sebeple Tanrı'ya inananların bazıları O'nun sözüne göre yaşamadıkları zaman, hastalıklardan çeker, kaza geçirir ve felaketlerle yüzleşirler.

Bizi bu tür sınama ve acılardan korumak isteyen sevgisiyle, Tanrı bizlere pek çok buyruk vermiştir. Anne-babalar, çocuklarını kazalardan ve hastalıklardan korumak için ne çok nasihatte bulunurlar?

"Eve geldiğinde ellerini yıka."

"Yemekten sonra dişlerini fırçala."
"Karşıdan karşıya geçerken sağına soluna bak."

Aynı şekilde, Tanrı'da bizlere olan sevgisiyle ve kendi iyiliğimiz için, bizlere buyruklarına ve kurallarına uymamızı söylemiştir (Yasa'nın Tekrarı 10:13). Tanrı'nın sözünü tutmak ve uygulamak, yaşam yolculuğumuzda bir lamba gibidir. Ne kadar karanlık olursa olsun, bir lamba ile varış noktamıza güven içinde yürüyebiliriz; aynı şekilde, ışık olan Tanrı bizimle olduğunda, korunur ve Tanrı'nın bir çocuğu olma imtiyazı ve kutsamalarının tadına varırız. Sözüne itaat eden Çocuklarını korumaktan ve onlara istediklerinin karşılığını vermekten Tanrı nasıl da hoşnuttur! Bu çocuklar gerektiği gibi yüreklerini temiz ve iyi yüreklere dönüştürebilir, yasaya uydukları ve söze itaat ettikleri oranda Tanrı'yı yansıtır, Tanrı'nın derin sevgisini hisseder ve O'nu eskisinden çok daha fazla severler.

Dolayısıyla Tanrı'nın bizlere verdiği yasa, yeryüzünde Tanrı'nın yetiştirilme süreci altında olan bizler için bir rehber görevini gören sevginin ders kitabı gibidir. Tanrı'nın yasası bizlere külfet getirmez ama bizleri düşman şeytanın ve iblisin yönetimi altında olan bu dünyada her çeşit beladan korur ve kutsama yoluna yönlendirir.

İsa, Yasayı Sevgiyle Tamamladı

Yasa'nın Tekrarı 19:19-21 ayetlerinde, Eski Ahit zamanı

insanlarının gözleriyle günah işlediklerinde gözlerinin çıkarıldığını, el veya ayaklarıyla günah işlediklerinde, el ve ayaklarının kesildiğini ve zina işlediklerinde, taşlanarak öldürüldüklerini görürüz.

Ruhani dünyanın yasası bizlere günahlarımızın sonucunun ölüm olduğunu söyler. Bu sebeple Tanrı, bağışlanamayan günahlar işleyenleri ağır bir şekilde cezalandırmış ve böylece aynı günahları işlememeleri için diğer insanları uyarmayı istemiştir.

Ama sevgi Tanrı'sı, "Göze göz, dişe diş" diyenlerin ve yasaya takılıp kalmış olanların imanlarından tam anlamıyla hoşnut kalmamıştır. Aksine Eski Ahit'te defalarca, yüreklerini sünnet etmeleri gerektiğini vurgulamıştır. Yasa yüzünden Ulusunun acı çekmesini istememiş ve bu sebeple zaman geldiğinde, İsa'yı yeryüzüne göndermiş, O'nun insan ırkının tüm günahlarını üstlenmesine ve yasayı sevgiyle tamamlamasına izin vermiştir.

İsa çarmıha gerilmeseydi, ellerimiz ve ayaklarımızla işlediğimiz günahlar yüzünden ellerimiz ve ayaklarımız kesilecekti. Ama İsa çarmıhını yüklendi ve bizlerin elleri ve ayaklarıyla işlediği tüm günahları, elleri ve ayaklarından çivilendiği çarmıhta değerli kanını dökerek temizledi. Artık Tanrı'nın bu yüce sevgisi sayesinde ne elleri ne ayakları kesmek zorunda değiliz.

Sevgi Tanrı'sı ile bir olan İsa, yeryüzüne gelerek yasayı sevgiyle tamamlamıştır. İsa, Tanrı'nın tüm yasalarına uyarak örnek bir yaşam sürmüştür.

Yasaya tamamen uymasına rağmen, "Yasayı çiğnediniz ve

ölüm yolundasınız" diyerek yasayı uygulamakta başarısız olanları suçlamamıştır. Bunun yerine gece-gündüz insanlara gerçeği öğretmiştir ki tek bir can dahi olsa günahlarından tövbe edip kurtuluşa erebilsinler. Hiç ara vermeden çalışmış, hastalıklardan, sakatlıklardan ve cin çarpmasından çekenlere şifa vererek azat etmiştir.

İsa'nın sevgisi, zina işlerken yakalanıp ferisiler ve din bilginleri tarafından Kendisinin önüne getirilen kadın karşısında önemli bir şekilde ortaya konmuştur. Yunanna'nın müjdesi 8. bölümde ferisiler ve din bilginleri bir kadını İsa'ya getirerek O'na, *"Musa, Yasa'da bize böyle kadınların taşlanmasını buyurdu, sen ne dersin?"* (a. 5) diye sordular. İsa bunun üzerine, *"İçinizde kim günahsızsa, ilk taşı o atsın!"* (a. 7) diye yanıtladı.

Onların bu sorusuna verdiği cevapla sadece kadının değil ama kadını zinayla suçlayan bu kişileri de uyandırmayı amaçlıyordu; bu kadını zinayla suçlayan ve İsa'yı da suçlayabilmek için deneyen kendileri de Tanrı'nın nazarında günahkârlardı ve hiç kimse bir başkasını suçlamaya yeltenmemeliydi. Bunu duyanlar, vicdanlarıyla mahkûm edildiler ve başta yaşlılar olmak üzere, birer birer oradan ayrıldılar. İsa yalnız kalmıştı ve kadında orta yerde oturuyordu.

Kadından başkasını göremeyen İsa, *"Kadın, nerede onlar? Hiçbiri seni yargılamadı mı?"* (a. 10) Kadın, *"Hiçbiri, Efendim"* dedi. İsa, *"Ben de seni yargılamıyorum"* dedi. *"Git, artık bundan sonra günah işleme!"* (a. 11).

Kadın getirildiğinde ve bağışlanmayan günahı ortaya döküldüğünde, muazzam bir korkunun baskısı altındaydı.

Dolayısıyla, İsa kendisini bağışladığında minnetle gözlerinden boşalan gözyaşlarını ve duygu selini hayal edebiliyor musunuz? Bu bağışlanma ve İsa'nın sevgisiyle bir daha ne yasayı çiğnedi ne de günah işleyebildi. Yasayı sevgiyle tamamlayan İsa ile tanıştığı için bu mümkün oldu.

İsa, sadece bu kadın için değil ama tüm insanlar için yasayı sevgiyle tamamladı. Kendi hayatını esirgemedi ve tıpkı boğulmakta olan çocuklarını kurtarmak için kendi hayatlarını esirgemeyen ebeveynler gibi biz günahkârlar için Yaşamını feda etti.

İsa, kusursuzdu, lekesizdi ve Tanrı'nın tek Oğlu'ydu ama tarif edilemez acılara katlandı, tüm kanını ve suyunu akıttı ve biz günahkârlar için Yaşamını çarmıhta feda etti. O'nun çarmıha gerilişi tüm insanlık tarihi boyunca gerçekleşmiş en büyük sevgi anıdır.

O'nun bu Sevgisinin gücü bizlere geldiğinde, yasayı tam anlamıyla uygulayacak gücü alır ve tıpkı İsa'nın yaptığı gibi yasayı sevgiyle tamamlayabiliriz.

Eğer İsa yasayı sevgiyle tamamlamak yerine insanları yasayla sadece yargılayıp suçlasaydı ve gözlerini günahkârlardan çekseydi, dünyada kaç kişi kurtulabilirdi? İncil'de, *"Doğru kimse yok, tek kişi bile yok"* (Romalılar 3:10) dediği gibi, hiç kimse kurtulamazdı.

Bu yüzden, Tanrı'nın yüce sevgisiyle günahlarından bağışlanan Tanrı'nın çocukları sadece alçakgönüllü bir yürekle

O'nun buyruklarını tutmakla kalmamalı ama ayrıca tıpkı kendilerini sevdikleri gibi komşularını da sevmeli, onlara hizmet etmeli ve onları bağışlamalıdırlar.

Yasayla Başkalarını Yargılayan ve Suçlayanlar

İsa, yasayı sevgiyle tamamladı ve tüm insanlığın Kurtarıcısı oldu ama Ferisiler, din bilginleri ve yasanın öğretmenleri ne yaptı? Onlar, Tanrı'nın kendilerinden istediği gibi yüreklerini kutsallaştırmak yerine yasayı eylemlerle uygulamak üzerinde ısrar ettiler ve yasayı tam anlamıyla uyguladıklarını düşündüler. İlaveten, yasayı uygulamayanları bağışlamak yerine onları yargılayıp suçladılar.

Ama Tanrımız sevgi ve merhamet olmadan bizden başkalarını asla ne yargılayıp suçlamamızı ne de Tanrı'nın sevgisini deneyim etmeden yasayı uygulama zahmetine girmemizi ister. Eğer yasayı uyguluyor ama Tanrı'nın yüreğini anlamakta ve yasayı sevgiyle yerine getirmekte başarısız kalıyorsak, bize bir faydası dokunmaz.

Peygamberlikte bulunabilsem, bütün sırları bilsem, her bilgiye sahip olsam, dağları yerinden oynatacak kadar büyük imanım olsa, ama sevgim olmasa, bir hiçim. Varımı yoğumu sadaka olarak dağıtsam, bedenimi yakılmak üzere teslim etsem, ama sevgim olmasa, bunun bana hiçbir yararı olmaz (1. Korintliler 13:2-3).

Tanrı sevgidir ve sevgiyle hareket ettiğimizde sevinç duyarak bizleri kutsar. İsa'nın zamanında ki ferisiler, yasayı eylemleriyle uygularken yüreklerinde sevgiyi beslemekte başarısız kaldılar ve bu, onlara hiçbir şey kazandırmadı. Yasanın bilgisiyle başkalarını yargılayıp suçladılar ve bu, onların Tanrı'dan uzaklaşmalarına ve Tanrı'nın Oğlu'nu çarmıha germelerine neden oldu.

Yasada Gömülü Olan Tanrı'nın İsteğini Anladığınızda

Eski Ahit zamanında bile yasada mevcut olan Tanrı'nın gerçek isteğini anlayan imanın ataları vardı. İbrahim, Yusuf, Musa, Davut ve İlyas gibi imanın babaları sadece yasayı tutmakla kalmadı ama ayrıca şevkle yüreklerinin sünnetini gerçekleştirerek Tanrı'nın gerçek çocukları olmak için çok çabaladılar.

Ancak Tanrı, Yahudilerin, İbrahim'in, İshak'ın ve Yakup'un Tanrı'sını tanısınlar diye İsa'yı Mesih olarak gönderdiğinde, insanlar onu tanımadılar. Çünkü ataların töreleri ve yasayı uygulama eylemleriyle gözleri körelmişti.

Tanrı'nın Oğlu olduğuna tanıklık etmek için, İsa ancak Tanrı'nın gücüyle mümkün olabilecek olağanüstü harikalar ve belirtiler ortaya koydu. Ama O'nu ne tanıdılar ne de Mesih olarak bağırlarına bastılar.

Ama iyi yürekleri olan Yahudiler için durum farklıydı. İsa'nın vaazlarını dinlediklerinde ve O'nun sergilediği mucizevî belirtileri gördüklerinde, Tanrı'nın O'nunla olduğuna inandılar. Yuhanna İncil'inin 3. bölümünde, "Nikodim" adında bir Ferisi bir gece İsa'ya gelerek O'na şöyle dedi:

Rabbî, senin Tanrı'dan gelmiş bir öğretmen olduğunu biliyoruz. Çünkü Tanrı kendisiyle olmadıkça kimse senin yaptığın bu mucizeleri yapamaz (Yuhanna 3:2).

Sevgi Tanrı'sı İsrail'in Dönüşünü Bekler

Öyleyse yeryüzüne Kurtarıcı olarak gelen İsa'yı neden Yahudilerin çoğunluğu tanımadı? Tanrı'ya hizmet ettiklerine ve sevdiklerine inandıkları kendi düşünceleriyle yoğrulmuş kalıplar oluşturmuşlardı ve bu kalıplardan farklı şeyleri kabul etmeye yanaşmıyorlardı.

Rab İsa ile tanışana dek Pavlus, ataların törelerini ve yasayı tam anlamıyla uygulamanın Tanrı'ya hizmet etmek ve O'nu sevmek olduğuna sıkıca inanıyordu. Bu sebeple İsa'yı Kurtarıcı olarak kabul etmedi ama bunun yerine O'na ve O'na inananlara zulüm etti. Şam yolunda dirilmiş İsa ile karşılaştıktan sonra, kafasında ki kalıp bin bir parçaya ayrıldı ve Rab'bi İsa Mesih'in bir elçisi oldu. O andan sonra hayatını bile Rab için vermeye hazırdı.

Yasayı tutma arzusu, Yahudilerin en içsel yaradılışı ve Tanrı'nın seçilmişi İsrail'in en güçlü yanıdır. Bu yüzden yasada gömülü olan Tanrı'nın gerçek isteğini anlar anlamaz, diğer ulus veya ırklardan çok daha fazla Tanrı'yı sevebilecek ve tüm hayatlarıyla O'na sadık olacaklardır.

Tanrı, İsrail halkının Mısır'dan çıkmasına izin verdiğinde, Musa aracılığıyla onlara tüm yasayı ve buyrukları verdi ve onlara gerçekten ne yapmalarını istediğini bildirdi. Tanrı'yı sevip yüreklerinin sünnetini gerçekleştirdiklerinde ve O'nun isteğine göre yaşadıklarında, onlarla birlikte olacağına ve onları hayretlere düşüren bereketler yağdıracağına söz verdi.

Bugün size ilettiğim buyruklar uyarınca siz ve çocuklarınız Tanrınız RAB'be döner, bütün yüreğinizle, bütün canınızla O'na uyarsanız, Tanrınız RAB size acıyacak, sizi sürgünden geri getirecek. Sizi dağıttığı ulusların arasından yeniden toplayacak. Dünyanın öbür ucuna sürülmüş olsanız bile, Tanrınız RAB sizleri toplayıp geri getirecek. Sizi atalarınızın mülk edindiği ülkeye ulaştıracak. Orayı miras alacaksınız. Tanrınız RAB üzerinize iyilik getirecek ve sizi atalarınızdan daha çok çoğaltacak. Sizin ve çocuklarınızın yüreğini değiştirecek. Öyle ki, O'nu bütün yüreğinizle, bütün canınızla sevesiniz ve yaşayasınız. Tanrınız RAB bütün bu lanetleri sizden nefret edenlerin, size baskı yapan düşmanlarınızın üzerine yağdıracak. Siz yine RAB'bin sözüne kulak verecek, bugün size ilettiğim buyrukların hepsine uyacaksınız (Yasa'nın Tekrarı 30:2-8).

Bu ayetlerde seçilmiş Halkı İsrail'e vaat ettiği gibi, Tanrı, dünyanın dört bir yanına dağılan halkını bir araya topladı, birkaç bin senenin sonunda ülkelerine geri dönmelerine izin verdi ve onları tüm ulusların üzerinde tuttu. Bunlara rağmen İsrail, çarmıh yoluyla Tanrı'nın yüce sevgisini ve insanı yaratıp yetiştirmesinin şaşırtıcı takdiri ilahisini kavramakta başarısız oldu ve hala yasanın eylemleri ve ataların törelerini izlemektedir.

Sevgi Tanrı'sı, onların bu çarpık imanlarını terk etmelerini ve en kısa zamanda gerçek çocukları olmalarını istekle diler. Her şeyden önce yüreklerini açmalı, tüm insanlığın Kurtarıcısı olarak Tanrı tarafından gönderilen İsa'yı kabul etmeli ve günahları için bağışlanmayı almalıdırlar. Sonra yasa ile verilen Tanrı'nın gerçek isteğini kavramalı ve tam anlamıyla kurtuluşa sahip olabilmeleri için yüreklerinin sünnetini gerçekleştirerek şevkle uydukları yasayla gerçek imana sahip olmalıdırlar.

İsrail'in, Tanrı'yı hoşnut eden imanlarıyla Tanrı'nın kaybolan suretini yeniden kazanmaları, Tanrı'nın vaat ettiği tüm kutsamalarını tadına varmaları ve ebedi göklerin görkeminde yaşamaları ve O'nun gerçek çocukları olmaları için içtenlikle dua ediyorum.

Kubbetüs Sahra, Kutsal Yeruşalim Kentinde ki Müslüman Camisi

4. Bölüm

İzle ve Dinle!

Dünyanın Son Günlerine Doğru

Kutsal Kitap bizlere açık bir şekilde insanlık tarihinin başlangıcıyla sonu hakkında açıklama yapar. Tanrı bizlere Kutsal Kitap yoluyla birkaç bin senelik insanın yetiştirilme tarihini anlatmıştır. Bu tarih, ilk insan Âdem'in dünyada yaşamasıyla başlamıştır ve Rab'bin havada İkinci Gelişiyle de sona erecektir.

İnsan ırkının yetiştirilme tarihinde Tanrı'nın saati kaçı gösterir ve insanın yetiştirilme sürecinin son anlarını çalacak o vakte kadar kaç gün ve saat kalmıştır? Şimdi sevgi Tanrı'sının nasıl plan yaptığını ve İsrail'i kurtuluş yoluna taşımak için İradesini nasıl kullanacağını inceleyelim.

İnsanlık Tarihi Sürecinde Kutsal Kitap'ta ki Peygamberliklerin Yerine Gelmesi

Kutsal Kitap'ta birçok peygamberlik edilmiştir ve onların hepsi Her şeye Gücü yeten Yaratan Tanrı'ya ait sözlerdir. Yeşaya 55:11 ayetinde, *"Ağzımdan çıkan söz de öyle olacaktır. Bana boş dönmeyecek, İstemimi yerine getirecek, Yapması için onu gönderdiğim işi başaracaktır."* dendiği gibi, Tanrı'nın sözleri şu ana kadar yerine gelmiştir ve O'nun her bir sözü de yerine gelecektir.

İsrail tarihi, en ufak bir hata olmadan Kutsal Kitap'ta ki peygamberliklerin aşikâr bir şekilde yerine geldiğini tasdik eder. İsrail tarihi, Kutsal Kitap'ta ki peygamberliklere göre yerine gelmiştir ki bunlar; İsrail'in 400 yıllık Mısır esareti ve süt ve bal akan Kenan diyarına girmesi, krallıklarının İsrail ve Yahuda olarak ikiye bölünmesi ve sonra onların çöküşü, Babil'de tutsaklık, İsrail'in eve dönmesi, Mesih'in doğumu ve çarmıha gerilmesi, İsrail'in yıkımı ve dünyanın dört bir köşesine yayılması ve İsrail'in tekrar bağımsızlığını kazanıp ulus olarak kendisini tesis etmesidir.

İnsanlık tarihi, Her şeye gücü Yeten Tanrı'nın kontrolü altındadır ve ne zaman önemli bir şeyi husule getirecek olsa, neler olacağını insanlara önceden açıklamıştır (Amos 3:7). Kendi zamanında doğru ve kusursuz bir adam olan Nuh'a tufanın tüm dünyayı yok edeceğini önceden söylemiştir. Sodom ve Gomora kentlerinin yıkılacağını önceden İbrahim'e bildirmiş ve peygamber Daniel ile elçi Yuhanna'nın dünyanın son günlerinde neler olacağını bilmelerini sağlamıştır.

Kutsal Kitap'ta yazılan bu peygamberliklerin pek çoğu harfi harfine gerçekleşmiştir ve gerçekleşmesi beklenen peygamberlikler, Rab'bin İkinci Geliş ve bunun öncesinde vuku bulacak birkaç olaydır.

Dünyanın Son Günlerinin Belirtileri

Bu gün son günlerde yaşadığımızı ne kadar ciddi bir şekilde açıklamaya kalkarsak kalkalım, pek çok insan buna inanmayı istemez. Bunu kabullenmek yerine, dünyanın sonu hakkında konuşanları garip bulur ve onları dinlemekten kaçınırlar. Tıpkı geçmişte olduğu gibi güneşin doğacağını, insanların doğup öleceğini ve medeniyetin böyle akıp gideceğini düşünürler.

Son günlerle ilgili Kutsal Kitap şunları yazar: *"Öncelikle şunu bilmelisiniz: Dünyanın son günlerinde kendi tutkularının ardından giden alaycı kişiler türeyecek. Bunlar, 'Rab'bin gelişiyle ilgili vaat ne oldu? Atalarımızın ölümünden beri her şey yaratılışın başlangıcında olduğu gibi duruyor' diyerek alay edecekler"* (2. Petrus 3:3-4).

Her doğan insanı bekleyen bir ölüm vakti de vardır. Aynı şekilde, başlangıcı olduğu gibi insanlık tarihinin de bir sonu vardır. Tanrı'nın seçtiği vakit geldiğinde, dünyada ki her şey sona erecektir.

O zaman senin halkını koruyan büyük önder Mikail görünecek. Ulusun oluşumundan beri hiç görülmemiş bir sıkıntı dönemi olacak. Bu dönemde halkın – adı kitapta yazılı olanlar – kurtulacak. Yeryüzü toprağında uyuyanların birçoğu uyanacak: Kimisi sonsuz yaşama, kimisi utanca ve sonsuz iğrençliğe gönderilecek. Bilgeler gökkubbe gibi, birçoklarını doğruluğa döndürenler yıldızlar gibi sonsuza dek parlayacaklar. Ama sen, ey Daniel, son gelinceye dek bu sözleri sakla, kitabı mühürle. Bilgileri artsın diye birçokları oraya buraya gidecek (Daniel 12:1-4).

Peygamber Daniel aracılığıyla Tanrı, dünyanın son günlerinde neler olacağını bildirmiştir. Bazı insanlar peygamber Daniel tarafından bildirilen bu peygamberliklerin geçmişte çoktan yerine geldiğini söylerler. Ama bu peygamberlik tam anlamıyla insanlık tarihinin son bulduğu o anda gerçekleşecektir; Yeni Ahit'te yazılan dünyanın son günleriyle ilgili belirtilerle tam bir uyum içindedir.

Daniel'in bu peygamberliği Rab'bin İkinci Gelişiyle ilgilidir. *"Ulusun oluşumundan beri hiç görülmemiş bir sıkıntı dönemi olacak. Bu dönemde halkın – adı kitapta yazılı olanlar – kurtulacak"* yazan 1. ayet, bizlere dünyanın sonunda meydana gelecek Yedi Yıllık Büyük Sıkıntı dönemini ve arta kalan kurtuluşu açıklar.

"Bilgileri artsın diye birçokları oraya buraya gidecek" diyen 4. ayetin ikinci yarısı ise bu günün insanlarının günlük hayatlarını anlatır. Kesin bir biçimde Daniel'in bu peygamberlikleri M.S. 70 yıllarında meydana gelen İsrail'in çöküşüne değil ama dünyanın son günlerinin belirtilerine işaret eder.

İsa, öğrencileriyle son günlerin belirtileriyle ilgili detaylıca konuşmuştur. Matta 24:6-7, 11-12'de şöyle der: *"Savaş gürültüleri, savaş haberleri duyacaksınız. Ulus ulusa, devlet devlete savaş açacak; yer yer kıtlıklar, depremler olacak. Birçok sahte peygamber türeyecek ve bunlar birçok kişiyi saptıracak. Kötülüklerin çoğalmasından ötürü birçoklarının sevgisi soğuyacak."*

Bu gün dünyanın durumu nasıldır? Savaş haberleri ve dedikoduları duyuyoruz ve terörizm her geçen gün artıyor. Uluslar birbirleriyle savaşıyor ve devletler birbirine kafa tutuyor. Kıtlıklar ve depremler oluyor. Sayısız doğal afet ve felaket sıra dışı hava koşullarıyla oluşmaktadır. Dahası hukuksuzluk tüm yer küre çevresinde gitgide yaygınlaşıyor, günah ile kötülük tüm dünyada şaha kalkmış durumda ve insanların Tanrı'ya olan sevgisi soğuyor.

Aynı şeyler Timoteos'un İkinci mektubunda da yazılmıştır:

Şunu bil ki, son günlerde çetin anlar olacaktır. İnsanlar kendilerini seven, para düşkünü, övüngen, kibirli, küfürbaz, anne baba sözü dinlemez, nankör, kutsallıktan ve sevgiden yoksun, uzlaşmaz, iftiracı, özünü denetleyemeyen, azgın, iyilik düşmanı olacaklar. Hain, aceleci, kendini beğenmiş, Tanrı'dan çok eğlenceyi seven, Tanrı yolundaymış gibi görünüp bu yolun gücünü inkâr edenler olacaklar. Böylelerinden uzak dur (2. Timoteos 3:1-5).

Bu gün insanlar güzel şeylerden hoşlanmak yerine, parayla zevki sevmektedirler. Kendi çıkarlarını arar, hiç tereddüt etmeden ve vicdanları sızlamadan cinayet ve kundaklama gibi korkunç günahları ve kötülükleri işlerler. Bu tür şeyler çok fazla yer almaktadır ve insanların çoğunun yürekleri öylesine duyarsız ve hissiz bir noktaya ulaşmıştır ki pek çok şeyi olağan karşılar durumdadırlar. Tüm bunları görerek insan tarihinin gerçekten sona yaklaşmakta olduğunu inkâr edemeyiz.

Hatta İsrail tarihi bile bizlere Rab'bin İkinci Gelişi ve dünyanın son günlerinin belirtileri hakkında ipucu verir.

Matta 24:32-33 şöyle der: *"İncir ağacından ders alın! Dalları filizlenip yaprakları sürünce, yaz mevsiminin yakın olduğunu anlarsınız. Aynı şekilde, bütün bunların gerçekleştiğini gördüğünüzde bilin ki, İnsanoğlu yakındır, kapıdadır."*

Burada "incir ağacı" İsrail'i simgeler. Ağaç kışın ölü bir görüntüye bürünür ama bahar geldiğinde tekrar tomurcuklanır, dalları büyür ve yaprak açar. Aynı şekilde, M.S. 70 yılında gerçekleşen İsrail'in çöküşüyle, İsrail takribi iki bin yıl tamamen yok edilmiş göründü ama Tanrı'nın seçtiği vakit geldiğinde, bağımsızlığını ilan etti ve 14 Mayıs 1948 tarihinde İsrail Devleti kuruldu.

Daha da önemlisi, İsrail'in bağımsızlığı İsa Mesih'in İkinci Gelişi'nin çok yakında olduğuna işaret eder. Bu sebeple Israel hala beklemekte oldukları Mesih'in 2000 yıl önce dünyaya geldiğini ve tüm insanlığın Kurtarıcısı olduğunu kavramalı, Kurtarıcı İsa'nın eninde sonunda bir hâkim olarak yeryüzüne geleceğini hatırda tutmalıdır.

Öyleyse son günlerde yaşayan bizlere Kutsal Kitap'ın peygamberliklerine göre neler olacaktır?

Rab'bin Havada İkinci Gelişi ve Büyük Sevinç

Takribi 2000 sene önce İsa çarmıha gerildi ve ölümün gücünü yıkarak üçüncü gün dirildi. Daha sonra ise göklere alındı ve pek çok insan O'nun göğe alınışına şahit oldu.

"Ey Celileliler, neden göğe bakıp duruyorsunuz? diye sordular. Aranızdan göğe alınan İsa, göğe çıktığını nasıl gördünüzse, aynı şekilde geri gelecektir" (Elçilerin İşleri 1:11).

Rab İsa, çarmıha gerilmesi ve dirilmesiyle insanlık için kurtuluş kapısını açtı ve sonra göğe alınarak Tanrı'nın tahtının sağ tarafına oturdu. O şimdi kurtulanların göksel mekânlarını hazırlamaktadır. İnsanlık tarihi sona erdiğinde, bizleri almak için geri dönecektir. İsa'nın İkinci Gelişi 1. Selanikliler 4:16-17'de detaylıca anlatılır:

Rab'bin kendisi, bir emir çağrısıyla, başmeleğin seslenmesiyle, Tanrı'nın borazanıyla gökten inecek. Önce Mesih'e ait ölüler dirilecek. Sonra biz yaşamakta olanlar, hayatta olanlar, onlarla birlikte Rab'bi havada karşılamak üzere bulutlar içinde alınıp götürüleceğiz. Böylece sonsuza dek Rab'le birlikte olacağız.

Rab'bin sayısız melek ve göksel varlığın eşlik ettiği görkemli bulutlarla gelmesi ne şahane bir sahne! Kurtulanlar asla çürümeyen göksel bedenlere bürünebilecek, Rab ile havada karşılaşacak ve ebedi güveyimiz Rab ile Yedi Yıllık Düğün Şöleni kutlamalarına katılacaklardır. Kurtulanların bulutlarla alınması ve Rab ile karşılaşmasına "büyük sevinç" denir. Bu ayetlerde adı geçen hava, Tanrı'nın Yedi Yıllık Düğün Şöleni için hazırladığı göğün ikinci katına ait bir mekândır.

Tanrı, ruhani dünyayı birkaç kata ayırmıştır ve onlardan biri de göğün ikinci katıdır. Göğün ikinci katıda ayrıca iki farklı bölüme ayrılmıştır. Bunlardan biri ışığın dünyasına ait olan Aden ve diğeri de karanlığın dünyasıdır. Işığın dünyasına ayrılan özel bir bölüm, Yedi Yıllık Düğün Şöleni için hazırlanmıştır.

Böylesi günah ve kötülükle dolu bir dünyada kurtuluşa kavuşmak için kendilerini imanla süsleyenler, Rab'bin gelinleri olarak bulutlarla göğe alınacak ve 7 sene boyunca orada Düğün şöleninin keyfini süreceklerdir.

"Sevinelim, coşalım! O'nu yüceltelim! Çünkü Kuzu'nun düğünü başlıyor, Gelini hazırlandı. Giymesi için ona temiz ve parlak İnce keten giysiler verildi." İnce keten kutsalların adil işlerini simgeler. Sonra melek bana, *"Yaz!"* dedi. *"Ne mutlu Kuzu'nun düğün şölenine çağrılmış olanlara!"* Ardından ekledi: *"Bunlar gerçek sözlerdir, Tanrı'nın sözleridir"* (Vahiy 19:7-9).

Bulutlarla göğe alınanlar, Rab'leriyle birlikte oldukları Düğün Şöleninde imanlarıyla bu dünyanın üstesinden geldikleri için avutulurlarken, göğe alınmayanlar Rab'bin İkinci Gelişiyle yeryüzüne atılan kötü ruhların elinde tarif edilemez eziyetler çekeceklerdir.

Yedi Yıllık Büyük Sıkıntı

Kurtulanlar göklerde ki Yedi Yıllık Düğün Şöleninin keyfine vararak mutlu ve ebedi göksel egemenliğin hayalini kurarken, insanlık tarihinin hiçbir bölümünde meydana gelmeyen en ağır sıkıntılar yeryüzünü kaplayacak ve korkunç olaylar meydana gelecektir.

Öyleyse Yedi Yıllık Büyük Sıkıntı dönemi ne zaman başlayacaktır? Rab'bimiz geleceğinden ve pek çok insan bulutlarla bir anda göğe alınacağından, yeryüzünde kalanlar aile fertlerinin, dostlarının ve komşularının ani gidişleriyle paniğe kapılıp şok olacaklar ve her yerde onları arayacaklardır.

Kısa zamanda ise Hristiyanların sözüne ettiği Büyük Sevincin hakikaten gerçekleşmiş olduğunu kavrayacaklardır. Üzerlerine gelmekte olan Yedi Yıllık Büyük Sıkıntının düşüncesiyle dehşete kapılacaklardır. Muazzam bir endişe ve panik duygusu altında ezileceklerdir. Ve uçakların pilotları, gemilerin kaptanları, tren, araba ve diğer taşıtların sürücüleri bulutlar içinde göğe alındığında, büyük çapta trafik kazaları ve yangınlar meydana gelecek, binalar çökecek ve tüm dünya kaos ve büyük bir düzensizliğin içine yuvarlanacaktır.

O vakit bir kişi çıkacak ve dünyaya barış ve düzen getirecektir. Bu kişi Avrupa Birliği'nin hükümdarıdır. Siyasi, ekonomik ve askeri yapılanmayı bir araya getirerek dünyayı düzen içine sokacak ve toplumlara barış ve istikrar getirecektir. Bu sebeple pek çok insan bu kişinin dünya arenasına çıkmasıyla sevinç duyacak, bu kişiyi heyecanla karşılayacak, sadakatle destekleyecek ve aktif olarak ona yardım edeceklerdir.

Bu kişi, Yedi Yıllık Büyük Sıkıntının öncülüğünü yapacak olan ve Kutsal Kitap'ta sözü geçen Mesih Karşıtıdır. Ama bir süre için " barış elçisi" olarak görünecektir. Yedi Yıllık Büyük Sıkıntının erken safhalarında gerçekten de dünyaya barışı ve düzeni getirecektir. Dünya barışını kazanmak için kullanacağı araç ise, Kutsal Kitap'ta yazılan canavarın sayısı 666 olacaktır.

Küçük büyük, zengin yoksul, özgür köle, herkesin sağ eline ya da alnına bir işaret vurduruyordu. Öyle ki, bu işareti, yani canavarın adını ya da adını simgeleyen sayıyı taşımayan ne bir şey satın alabilsin, ne de satabilsin. Bu konu bilgelik gerektirir. Anlayabilen, canavara ait sayıyı hesaplasın. Çünkü bu sayı insanı simgeler. Sayısı 666'dır (Vahiy 13:16-18).
Canavarın İşareti Nedir?

Canavardan kasıt bilgisayardır. Avrupa Birliği (AB), bilgisayarların sayesinde örgütlenmesini tesis edecektir.

Avrupa Birliği'nin bilgisayarlarıyla her kişiye sağ ellerinde ya da alınlarında olmak üzere bir barkot tayin edilecektir. Barkot, canavarın işaretidir. Her bireyin kişisel bilgileri bu barkotlara yüklenecek ve bu barkot onların bedenlerine yerleştirilecektir. Bedenlerine yerleştirilmiş bu barkotlarla AB bilgisayarları onları gözleyip izleyebilecek, denetleyebilecek ve her nerede ne yaparsa yapsın kontrol edebilecektir.

Bizlerin geçici kredi kartlarının ve kimlik cüzdanlarının yerini canavarın işareti alacaktır. Böylece insanlar nakit para ve çeklere daha fazla ihtiyaç duymayacaklardır. Mallarını kaybetmekten ya da paralarının çalınmasından daha fazla endişe duymaya da gerek kalmayacaktır. Bu önemli nokta, canavarın işareti olan 666'nın tüm dünyaya kısa zamanda yayılmasına sebep olacak ve o işaret olmadan kimse tespit edilemediğinden ne bir şey satabilecek ne de alabilecektir.

Yedi Yıllık Büyük Sıkıntının başlangıcından itibaren insanlar canavarın işaretini alacak olsalar da buna zorlanmayacaklardır. AB örgütlenmesi tam anlamıyla tesis edilene kadar bu sayının alınması sadece tavsiye edilecektir. Yedi Yıllık Büyük Sıkıntı döneminin ilk yarısı bittiğinde ve örgütlenme sağlam bir hale geldikten hemen sonra ise, AB herkese bu işaretin verilmesini zorunlu kılacak ve bunu almayı kabul etmeyip ayak direyenler ise affedilmeyecektir. Böylece AB, insanları canavarın işaretiyle tutsak alacak ve onları istediği gibi yönlendirecektir.

Sonunda, Yedi Yıllık Sıkıntı Döneminde geride kalanların çoğu, Mesih karşıtının ve canavarın yönetiminin kontrolüne girecektir. Mesih karşıtı düşman şeytanın kontrolü altında olduğundan, AB, insanların Tanrı'ya karşı gelmesine sebep olacak ve onları kötülerin, doğruluk karşıtı olanların, günahların ve yıkımın yoluna taşıyacaktır.

Bu arada bazı insanlar Mesih karşıtının yönetimine teslim olmayacaklardır. Onlar, İsa Mesih'e inanmış ama gerçek imanları olmadığından Rab'bin İkinci Gelişinde bulutlarla alınmamıştır.

Bunlardan bazıları, vakti zamanında Rab'be iman etmiş, Tanrı'nın lütuflarıyla yaşamış ve sonradan bu lütufları kaybederek dünya hayatına geri dönmüş insanlarken, bazıları da Mesih'e olan imanlarını dile getirmiş, kiliselere gitmiş ama ruhani imana sahip olamadıkları için dünyevi zevkler içinde yaşamış insanlardır. Birde, Rab İsa Mesih'e henüz iman etmiş insanlarla, büyük sevinç vesilesiyle ruhani uykularından uyanmış Yahudiler vardır.

Büyük Sevincin gerçekliğine şahit olduklarında, gerek Eski Ahit gerekse Yeni Ahit'te ki tüm sözlerin gerçek olduğunu kavrayacak ve başlarını taşlara vurarak yas tutacaklardır. Muazzam bir korkunun tutsağı olacak, Tanrı'nın isteğine göre yaşamadıkları için tövbe edecek ve kurtuluşa erişmek için bir yol bulmaya çalışacaklardır.

Onları üçüncü bir melek izledi. Yüksek sesle şöyle diyordu: Bir kimse canavara ve heykeline taparsa, alnına ya da eline canavarın işaretini koydurursa, Tanrı gazabının kâsesinde saf olarak hazırlanmış

Tanrı öfkesinin şarabından içecektir. Böylelerine kutsal meleklerin ve Kuzu'nun önünde ateş ve kükürtle işkence edilecek. Çektikleri işkencenin dumanı sonsuzlara dek tütecek. Canavara ve heykeline tapıp onun adının işaretini alanlar gece gündüz rahat yüzü görmeyecekler. Bu da, Tanrı'nın buyruklarını yerine getiren, İsa'ya imanlarını sürdüren kutsalların sabrını gerektirir (Vahiy 14:9-12).

Eğer bir kişi canavarın işaretini alırsa, o kişi, Tanrı'ya karşı gelen Mesih karşıtına itaat etmeye zorlanır. Bu nedenledir ki İncil, canavarın işaretini alanların kurtuluşa erişemeyeceklerinin üzerinde önemle durur. Büyük Sıkıntı zamanında bu gerçeği bilenler, iman sahibi olduklarının kanıtını göstermek için canavarın işaretini almamak için direneceklerdir.

Mesih karşıtının kimliği olabildiğinde net ifşa edilir. Mesih karşıtı, kendi politikalarına ve canavarın işaretini almayı reddedenleri toplumun kirli unsurları olarak sınıflandıracak ve sosyal huzuru bozdukları için toplumu onlardan temizleyecektir. Onları İsa Mesih'i inkâr etmeye ve canavarın işaretini almaya zorlayacaktır. Buna karşı gelirlerse, ağır zulümleri bu kişilerin şehit olması izleyecektir.

Canavarın İşaretini Almayıp Şehit Düşerek Kurtuluş

Yedi Yıllık Büyük Sıkıntı zamanında, canavarın işaretini almamak için direnenlerin çekeceği işkenceler tasavvur dahi edilemeyecek kadar ağırdır. İşkenceler onların katlanamayacağı kadar bunaltıcı olduğundan, bunların üstesinden az sayıda kişi gelerek kurtuluşları için son fırsatı yakalayacaklardır. Bazıları, "Rab'be olan imanımı terk etmeyeceğim. Hala tüm yüreğimle O'na inanıyorum. İşkenceler dayanılmaz olduğundan Rab'bi dilimle inkâr edebilirim. Tanrı beni anlayacak ve kurtaracaktır" diyecek ve böylece canavarın işaretini alacaklardır. Ama onlar kurtuluşa asla sahip olamayacaklar.

Birkaç sene önce dua ederken, Tanrı bana Büyük Sıkıntı döneminde canavarın işaretini almamak için direnen ve işkence görenlerin bir görümünü gösterdi. Gerçekten öylesine korkunç bir manzaraydı ki işkenceciler derileri kaldırıyor, bedende ki tüm eklemleri un ufak ediyor, el – ayak parmaklarını, kolları ve bacakları kesiyor, onların bedenlerinden aşağı kaynar sular boşaltıyordu.

İkinci Dünya Savaşı sırasında korkunç katliam ve işkenceler meydana geldi ve canlı insanlar üzerinde tıbbi deneyler yapıldı. Bu işkenceler, yedi Yıllık Büyük Sıkıntı döneminde ki işkencelerle kıyas dahi edilemez. Büyük Sevinçten sonra, düşman şeytan ile bir olan Mesih karşıtı dünyayı yönetecek, insanlara ne şefkat duyacak ne de onlara merhamet edecektir.

Düşman şeytan ve Mesih karşıtı güçler, insanları cehenneme göndermek için İsa'yı inkâr etmeleri yönünde ikna etmeye çalışacaklardır. Gayet usta işkence yöntemleri ve her çeşit zalimane yöntemle inananlara işkenceler yapacak ama onları hemen öldürmeyeceklerdir. İşkence esnasında kullanılan tüm işkence yöntemleri ve modern işkence araçları, inananların üzerine panik ve acı getirecektir. Ancak bu korkunç işkenceler devam edecektir.

İşkence edilen insanlar hemen öldürülmeyi dileyecek ama Mesih karşıtı onları kolayca öldürmediğinden ölmeyi de seçemeyeceklerdir çünkü intiharın asla kurtuluşa çıkarmayacağını da çok iyi bilirler.

Tanrı'nın bana gösterdiği görümde insanların pek çoğu işkencenin verdiği acıya katlanamadı ve kendilerini Mesih karşıtına teslim etti. Belli bir süre için güçlü bir iradeyle işkencelere katlanır ve üstesinden gelir gibi göründüler ama çocuklarını veya ebeveynlerinin işkenceye aynı şekilde maruz kaldığını görünce, direnişlerine son verdiler, Mesih karşıtına teslim oldular ve canavarın işaretini aldılar.

İşkence gören bu insanların arasından, yürekleri doğru ve içten olan sayıca az bazıları, bu korkunç işkencelerin, Mesih karşıtının şeytani akıl çelmelerinin üstesinden gelecek ve şehitler olarak öleceklerdir. Böylece Büyük Sıkıntı zamanında imanlarını şehit düşerek koruyanlar kurtuluş alayına katılabileceklerdir.

Gelmekte Olan Sıkıntıdan Kurtuluş Yolu

İkinci Dünya Savaşı patlak verdiğinde, Almanya'da huzur içinde yaşayanlar Yahudiler, 6 milyon insanın katledilmesi gibi dehşet verici kıyımın kendilerini beklediğinden asla şüphe duymadılar. Hiç kimse böylesine kısa bir zaman içersinde kendilerine huzur ve istikrar sağlayan Almanya'nın bir anda böylesi şeytani bir güce dönüşebileceğini ne fark etti ne de önceden görebildi.

O vakitler, neler olacağını bilmeyen Yahudiler çaresizdi ve bu büyük acıdan kaçınmak için yapabilecekleri bir şey yoktu. Tanrı, Seçilmiş halkının yakın gelecekte meydana gelecek felaketlerden kaçınabilmesini ister. Bu sebeple, dünyanın son günlerini detaylıca Kutsal Kitap'ta bildirmiş ve Tanrı adamlarının gelmekte olan sıkıntı hakkında İsrail'i uyarmasına ve onları uyandırmasına izin vermiştir.

İsrail'in bilmesi gereken en önemli şey, Büyük Sıkıntı felaketinden kaçınılmayacağıdır. Ondan kaçmak yerine, İsrail, Büyük Sıkıntı'nın tam merkezinde yakalanacaktır. Bu sıkıntının çok kısa bir zamanda meydana geleceğini kavramanızı diliyorum ve eğer hazırlıklı değilseniz, tıpkı bir hırsız gibi sizi bulacaktır. Eğer bu dehşet verici felaketten kaçmak istiyorsanız, ruhani uykunuzdan uyanmak zorundasınız.

Şu an, İsrail'in uyanması gereken andır. Mesih'i tanımamış olmaktan tövbe etmeli, İsa Mesih'i tüm insanlığın Kurtarıcısı olarak kabul etmeli ve Tanrı'nın onlardan sahip olmasını istediği gerçek imana sahip olmalıdırlar. Böylece Rab'bin gökyüzünde belirdiği gün sevinçten mest olacaklardır.

Mesih karşıtının tıpkı İkinci Dünya Savaşı öncesi Almanya'sında olduğu gibi barış mesajıyla karşınızda belireceğini aklınızda tutmanız konusunda sizleri uyarıyorum. O, barış ve teselli vaadini sunacak ama sonra hızla ve tamamen beklenmedik bir şekilde büyük bir güç haline gelecektir. O güç şu anda büyümektedir ve hayallerin çok ötesinde acı ve felaket getirecektir.

On Ayak Parmağı

Kutsal Kitap, gelecekte olacak pek çok peygamberlik bildiren satırlarla doludur. Özellikle Eski Ahit'in büyük peygamberlerinin kitaplarında yazılan peygamberliklere baktığımızda, bizlere önceden sadece İsrail'in geleceği hakkında değil ama ayrıca tüm dünya hakkında bilgi verirler. Sizce bunun sebebi nedir? Tanrı'nın seçilmiş halkı İsrail, insanlık tarihinin her zaman merkezinde olmuştur ve bu durum dünde, bu günde ve gelecekte de değişmeyecektir.

Daniel Peygamberin Bahsettiği Büyük Heykel

Daniel peygamberin kitabında ki peygamberlikler sadece İsrail'in geleceği değil ama ayrıca İsrail'in sonuna bağlı olarak dünyanın son günlerinde neler olacağını da anlatır. Kutsal Kitap'ın Daniel bölümünün 2:31-33 ayetlerinde, Daniel, Tanrı'nın esinlemesiyle Kral Nebukadnessar'ın rüyasını yorumlar ve bu yorum, dünyanın son günlerinde neler olacağının peygamberliğidir.

Ey kral, düşünde önünde duran büyük bir heykel gördün. Çok büyük ve olağanüstü parlaktı, görünüşü ürkütücüydü. Başı saf altından, göğsüyle kolları gümüşten, karnıyla kalçaları tunçtan, bacakları demirden, ayaklarının bir kesimi demirden, bir kesimi kildendi (Daniel 2:31-33).

Öyleyse bu ayetler son günlerde dünyanın durumuyla ilgili nasıl bir peygamberlikte bulunur?

Nebukadnessar'ın rüyasında gördüğü "büyük heykel" Avrupa Birliği'nden başka bir şey değildir. Günümüzde dünya iki büyük gücün kontrolü altındadır ve bunlar Amerika Birleşik Devletleri ile Avrupa Birliği'dir. Elbette ki Rusya'nın ve Çin'in nüfuzu görmezlikten gelinemez. Ancak Amerika Birleşik Devletleri ve Avrupa Birliği, ekonomik ve askeri güç bakımından yine de en tesirli güç olarak kalacaktır.

Şu anda Avrupa Birliği biraz zayıf görülebilir ama hızla genişleyecektir. Bu gün bundan kimse şüphe etmemektedir. Bu zamana kadar Amerika Birleşik Devletleri dünyada öncelikli egemen ulus olmuştur ama gitgide Avrupa Birliği, ABD'ye nazaran dünya genelinde çok daha egemen bir güç olacaktır.

Tarihin kısa bir zaman öncesine kadar hiç kimse Avrupa ülkelerinin tek sistem altında birleşeceğini hayal dahi edemiyordu. Elbette ki Avrupa ülkeleri uzunca bir zaman birleşmiş bir Avrupa hakkında tartışmışlardı ama hiç kimse ulusal kimlik, dil, para birimi ve birleşmiş bir vücut oluşturmak için gerekli diğer engellerin aşılabileceğinden emin olamadı.

Ama 1980'li yılların sonlarına doğru, Avrupa ülkeleri liderleri ekonomik kaygılar sebebiyle ciddi anlamda bu meseleyi tartışmaya başladılar. Soğuk Savaş döneminde dünyada egemenliği muhafaza etmek için gerekli ana güç, askeri kuvvetti. Ancak Soğuk Savaş dönemi sona erdikten sonra ana güç askeriyeden ekonomik güce kaydı.

Buna hazır olmak için Avrupa ülkeleri birleşmeye çabalamış ve bunun bir sonucu olarakta ekonomik birleşmede tek vücut olmuşlardır. Şimdi ise geriye kalan, tüm ülkeleri tek bir yönetim altında toplayacak siyasi birleşmedir ve şu anda durum bunu desteklemek üzere gelişmektedir.

Daniel 2:31'de bahsi geçen, *"çok büyük ve olağanüstü parlak, görünüşü ürkütücü büyük heykel"*, Avrupa Birliği'nin büyümesi ve aktivitesiyle ilgili yapılmış bir peygamberliktir. Bizlere Avrupa Birliği'nin ne kadar güçlü ve kudretli olacağını söyler.

AB Muazzam Bir Güce Sahip Olacak

AB nasıl muazzam bir güce sahip olabilecek? Daniel 2:32 ve arkasından gelen ayetler, heykelin başı, göğsü, kolları, karnı, kalçaları, bacakları ve ayakları hakkında bizlere bilgi vererek açıklar.

İlk ayet olan 32 şöyle der: *"Başı saf altındandı."* Bu ayet, AB'nin ekonomik açıdan gelişeceğini ve servet birikimiyle ekonomik güç elde edeceğini bildirir. Burada peygamberlik edildiği gibi, ekonomik birleşmeden AB çıkar sağlayacak ve büyük kazanımlar elde edecektir.

Bir sonra ki ayet şöyle der: "göğsüyle kolları gümüştendi." Bu, Avrupa Birliği'nin sosyal, kültürel ve siyasi olarak birleşmiş görüneceğini simgeler. AB'yi temsil edecek tek bir cumhurbaşkanı seçildiğinde, siyasi birlikteliği zahiren temsil etmiş olacak ve gerek sosyal gerekse kültürel açıdan tam anlamıyla birleşmiş olacaktır. Ancak henüz tamamlanmamış bir birliktelik içinde her üye ülke ekonomik anlamda kendi çıkarını arayacaktır.

Bir sonra gelen ayet şöyle der: "karnıyla kalçaları tunçtandı." Bu ayet, Avrupa Birliği'nin askeri birlikteliği başaracağını simgeler. Avrupa Birliği'nin her üyesi ekonomik güç elde etmeyi istemektedir. Askeri birliktelik, nihai hedef olan ekonomik birliktelik için temel bir amacı temsil eder. Ekonomik güçle dünyayı kontrol edecek güce sahip olmak için, sosyal, kültürel, siyasi ve askeri alanda birleşmekten başka hiçbir seçimleri olmayacaktır.

Son ayet ise şöyle der: "bacakları demirdendi." Bu da dini birliktelikle AB'yi güçlendirmek ve desteklemek için gerekli olan bir diğer sağlam temele işaret eder. Erken dönemlerde AB, Katolikliği devlet dini ilan edecektir. Katoliklik güç kazanacak ve AB'yi besleyen ve muhafaza eden destek mekanizması haline gelecektir.

On Ayak Parmağının Ruhani Anlamı

Avrupa Birliği ekonomik, sosyal, kültürel, askeri ve dini nüfuz anlamında pek çok ülkeyi bir araya getirmeyi başardığında, önce birlikteliğini ve gücünü azametle teşhir edecek ama sonra azar azar anlaşmazlık ve çözülme işaretleri vermeye başlayacaktır.

AB'nin erken safhalarında, Avrupa Birliği üyeleri birleşeceklerdir çünkü ortak ekonomik çıkarlar için birbirlerine onay vereceklerdir. Ancak zaman geçtikçe, sosyal, kültürel, siyasi ve ideolojik farklılıklar ortaya dökülecek ve aralarında ihtilaflar doğacaktır. Sonra da çeşitli bölünme belirtileri ortaya çıkacaktır. Son olarak ise dini çatışmalar –Protestanlarla Katolikler arasındaki çekişmeler – su yüzüne çıkacaktır.

Daniel 2:33 şöyle der: "...ayaklarının bir kesimi demirden, bir kesimi kildendi." Yani, ayak parmaklarından bazılarının demir ve diğerlerinin ise kilden olduğu ifade edilmektedir. On ayak parmağı, "10 AB üyesi ülkeye" işaret etmez. Bunlar Katolikliğe inanan "5 temsilci ülkeyle" Protestanlığa inanan 5 temsilci ülkeyi simgeler.

Nasıl demir ve kil birbirine karışmaz ise, Katolik ve Protestanlığın ağır bastığı ülkelerde birbirleriyle tam anlamıyla birleşmeyecektir; yani egemen olan ile egemenlik altına giren birbirine karışmayacaktır.

AB'de ki ihtilaflar arttıkça, ülkeleri gittikçe din ile birleştirmenin gerekliliğini hissedecekler ve Katolik mezhebi çok daha fazla yerde güç kazanacaktır.

Böylece ekonomik çıkarlar için Avrupa Birliği son günlerde kurulacak ve muazzam bir güç olarak yükselecektir. Sonra AB, dinini Katolik mezhebi çatısı altında birleştirecek, AB'nin birleşmesi çok daha kuvvetlenecek ve sonunda AB bir put gibi sahneye çıkacaktır. Putlar insanlar tarafından tapınılan ve önünde saygı ile eğilen nesnelerdir. Bu anlamda, AB dünyanın akışını büyük bir güçle yönlendirecek ve çok güçlü bir put gibi dünya üzerinde saltanat kuracaktır.

Üçüncü Dünya Savaşı ve Avrupa Birliği

Yukarıda bahsedildiği gibi, Rab'bimiz dünyanın sonunda gökten indiğinde, sayısız inanan eş zamanlı olarak bulutlar içinde alınıp götürülürken, yeryüzünde muazzam bir kargaşa meydana gelecektir. Bu esnada AB iktidarı ele geçirecek, barışı ve düzeni sağlamak adına kısa zamanda dünya üzerine egemen olacaktır. Ama daha sonra AB, Rab'bin karşısında olacak ve Yedi Yıllık Büyük Sıkıntı dönemine sürükleyecektir.

Bundan sonra ise AB'nin üye ülkeleri, kendi şahsi çıkarlarını gözettiklerinden ayrılacaklardır. Bu durum, Yedi Yıllık Büyük Sıkıntı döneminin ortasında yaşanacaktır. Kutsal Kitap'ın Daniel Bölümünün 12. kısmında peygamberliği edildiği gibi, Yedi Yıllık Büyük Sıkıntı döneminin başlangıcı, İsrail tarihinin akışıyla dünya tarihine göre meydana gelecektir. Yedi Yıllık Büyük Sıkıntı döneminin başlamasının hemen ardından, AB gittikçe muazzam bir güç ve kudrete erişecektir. İsa Mesih'i Kurtarıcı olarak kabul edip Tanrı'nın çocukları olanların Rab'bin İkinci Gelişinde ani dönüşümleri ve bulutlar içinde alınıp götürülmelerinden hemen sonra, birlik için tek bir cumhurbaşkanı seçilecektir.

İsa'yı Kurtarıcı olarak kabul etmeyen Yahudilerin pek çoğu yeryüzünde kalacak ve Yedi Yıllık Büyük Sıkıntı döneminde cefa çekeceklerdir. Büyük Sıkıntı döneminin ızdırap ve dehşeti kelimelerle ifade edilemeyecek kadar muazzamdır. Yeryüzü, insanlık tarihinde görülmemiş aşırılıkta savaşlar, cinayetler, infazlar, kıtlıklar, hastalıklar ve afetler gibi yürek parçalayıcı olaylarla dolacaktır.

Yedi Yıllık Büyük Sıkıntının başlangıcı, İsrail ile Orta Doğu arasında kopacak bir savaş ile ilk sinyali verecektir. İsrail ile Orta Doğu ülkeleri arasında süregelen had safhada ki tansiyon ve sınırlarla ilgili itilaflar asla dinmemiştir. Gelecekte bu ihtilaflar çok daha kötüleşecektir. Dünya güçleri petrol meselelerine müdahale ettiklerinden şiddetli bir savaş patlak verecektir. Uluslararası ilişkilerde daha yüksek hak ve avantajlara sahip olmak için birbirleriyle çekişeceklerdir.

Uzun zamandan beri İsrail'in geleneksel müttefiki olan Amerika Birleşik Devletleri, İsrail'i destekleyecektir. Amerika Birleşik Devletlerine karşı olan Avrupa Birliği, Çin ve Rusya, Orta Doğu ile birleşecek ve böylece bu iki taraf arasında Üçüncü Dünya Savaşı patlak verecektir.

Büyüklüğü açısından Üçüncü Dünya Savaşı, İkinci Dünya Savaşından tamamıyla farklı olacaktır. İkinci Dünya Savaşında 50 milyondan fazla insan savaş nedeniyle can vermişti. Fakat şimdi mevcut olan nükleer bombalar, kimyasal ve biyolojik silahlar gibi modern silahların gücü İkinci Dünya Savaşında kullanılanlarla mukayese edilemez ve bunların kullanımının sonuçları hayal gücünün ötesinde dehşete düşürücüdür.

Nükleer bombalar ve son teknoloji silahların her çeşidi merhametsizce kullanılacak ve bunu da tarif edilemez yıkımlar ve kıyımlar izleyecektir. Savaş açılan ülkeler tamamen imha edilecek ve güçsüzleşecektir. Bu, savaşın sonu olmayacaktır.

Radyoaktiviteyle nükleer patlama bunu izleyecek ve radyoaktif kirlilik, ciddi iklim değişiklikleri ve afetler tüm dünyayı sarmalayacaktır. Bunun bir sonucu olarak savaş açan ülkelerde dahil olmak üzere yeryüzünde bir cehennem yaratılacaktır.

Tüm insanlığın varoluşunu tehdit ettiğinden, ortalara doğru nükleer silah kullanımına bir son vereceklerdir. Ama tüm diğer silahlar ve büyük ölçekte ki ordular savaşı hızlandırmaya devam edeceklerdir. ABD, Çin ve Rusya toparlanamayacaklardır.

Dünyada ki pek çok ülke hemen hemen çökerken, AB, bu en yıkıcı zararlardan kaçabilecektir. AB, Çin'e ve Rusya'ya destek sözünü vermesine rağmen, savaşa doğrudan katılmadığından diğerleri gibi büyük kayıplara uğramayacaktır.

Bu eşi benzeri görülmemiş savaşta Amerika Birleşik Devletleri gibi pek çok dünya gücü, güçlerini kaybettiklerinde ve büyük kayıp verdiklerinde, AB tek güç olarak çıkacak ve tüm dünyayı yönetecektir. Önceleri AB, sadece savaşın gidişatını izlemekle yetinecektir. Diğer ülkeler ekonomik ve askeri yönden tamamen tahrip olduğunda dünya arenasına çıkacak ve savaşı çözüme ulaştırmaya başlayacaktır. Tüm güçlerini kaybettikleri için diğer ülkelerin Avrupa Birliği'nin vereceği kararı izlemekten başka bir seçeneği kalmayacaktır.

Bu noktadan itibaren Yedi Yıllık Büyük Sıkıntı döneminin ikinci yarısı başlayacaktır ve ileriki üç buçuk yıllık sürede Mesih karşıtı olan AB'nin lideri tüm dünyayı kontrolü altına alacak ve kendini kabul ettirecektir. Ve Mesih karşıtı kendisine karşı gelenlere işkence ve zulüm edecektir.

Mesih karşıtının İfşa Edilen Gerçek Doğası

Üçüncü Dünya Savaşının erken safhalarında bazı ülkeler Savaş yüzünden büyük kayıplar vereceklerdir ve AB onlara Çin ile Rusya vesilesiyle ekonomik destek vereceği vaadinde bulunacaktır. Savaşın merkezi odak noktası olarak İsrail kurban edilecek ve o zaman AB, İsrail'in uzun zamandır özlemini çektiği Tanrı'nın kutsal tapınağını inşa etmeyi vaat edecektir. AB'den gelen bu gönül almayla, İsrail, Tanrı'nın kutsamalarına vardıkları o uzun süreli görkemin tekrar dirileceğini hayal edeceklerdir. Bunun bir sonucu olarak onlarda AB ile ittifak kuracaktır.

İsrail için gösterdiği destekten dolayı, AB Başkanı Yahudilerin kurtarıcısı olarak görülecektir. Böylece Orta Doğu'da uzunca bir zamandır süregelen savaş sona ermiş görünecek ve yeniden Kutsal toprakları eski haline getirip Tanrı'nın kutsal tapınağını inşa edeceklerdir. Uzun zamandır bekledikleri Mesih ve Krallarının sonunda gelmiş olduğuna, İsrail'i tamamen eski haline getirip kendilerini yücelteceklerine inanacaklardır.

Ancak beklenti ve sevinçleri kısa zamanda suya düşecektir. Tanrı'nın kutsal tapınağı Yeruşalim'de tekrar inşa edildiğinde, hiç beklenmeyen bir şey olacaktır. Bu olay Daniel peygamberin kitabında peygamberlikle bildirilmiştir.

Gelecek önder birçoklarıyla bir haftalık sağlam bir antlaşma yapacak. Haftanın yarısı geçince, kurbanı da sunuyu da kaldıracak. Kararlaştırılan yıkım başına gelinceye dek yok edici önder tapınağın üst bölümüne yıkıcı iğrenç şeyler yerleştirecek (Daniel 9:27).

Askerleri gidip tapınakla kaleyi kirletecek, günlük sunuları kaldırıp yıkıcı iğrenç şeyi koyacaklar (Daniel 11:31).

Günlük sunun kaldırılıp yıkıcı iğrenç şeyin konduğu zamandan başlayarak 1 290 gün geçecek (Daniel 12:11).

Bu ayetlerin ortak noktası, tek bir olayı ima etmesidir. Bu olay işte dünyanın sonunda meydana gelecek olaydır ve İsa, son günler hakkında bu ayeti örnek göstererek konuşmuştur. Matta 24:15-16 ayetlerinde şöyle demiştir: *"Peygamber*

Daniel'in sözünü ettiği yıkıcı iğrenç şeyin kutsal yerde dikildiğini gördüğünüz zaman – okuyan anlasın – Yahudiye'de bulunanlar dağlara kaçsın."

İlk başta Yahudiler, kutsal olduğunu düşündükleri kutsal topraklarda Tanrı'nın kutsal tapınağının inşa edileceğine inanacaklar ama kutsal yerde yıkıcı iğrenç şeyin dikildiğini gördüklerinde şoka uğrayacak ve süregelen imanlarının yanlışlığını kavrayacaklardır. İsa Mesih'ten gözlerini uzaklaştırdıklarını, O'nun insanlığın Mesih ve Kurtarıcısı olduğunu fark edeceklerdir.

İsrail'in uyandırılmasının en önemli sebebi işte budur. Eğer İsrail şimdi uyandırılmazsa, uygun vakitte gerçeği kavrayamayacaklardır. Gerçeği çok geç kavramış olacak ve böylece dönülmesi mümkün olmayacaktır.

İsrail, sizin için tüm içtenliğimle diliyorum ki uyanın ve Mesih karşıtının akıl çelmelerine düşüp canavarın işaretini almayın. Size barışın ve refahın vaadini veren Mesih karşıtının yumuşak ve akıl çelen sözleriyle aldatılır ve Canavarın İşareti olan 666 sayısını alırsanız, geri dönüşü olmayan ve ebedi ölüme çıkan yola düşmek zorunda kalacaksınız.

Daha da acıklısı, Daniel tarafından peygamberlikle bildirildiği gibi ancak canavarın kimliği ifşa edildikten sonra Yahudilerin pek çoğu imanların odak noktasının yanlış olduğunu kavrayacaklardır. Bu kitap ile Tanrı tarafından çoktan gönderilmiş olan Mesih'i kabul etmenizi ve Yedi Yıllık Büyük

Sıkıntı dönemine düşmekten kaçınmanızı diliyorum.

Bu sebeple yukarıda da sizlere söylediğim gibi, İsa Mesih'i kabul etmek ve Tanrı nazarında gerçek olan imana sahip olmak zorundasınız. Yedi Yıllık Büyük Sıkıntı döneminden kaçabilmenizin tek yolu budur.
Rab'bin İkinci Gelişinde bulutlar içinde göklere alınmamış ve yeryüzünde bırakılmış olmanız ne yazık! Ama çok şükür ki kurtuluşunuz için bir son şans bulacaksınız.
İsa Mesih'i hemen kabul etmenizi ve Mesih'te kız ve erkek kardeşler olarak yaşamanızı tüm içtenliğimle diliyorum. Ama şimdi bile, gelmekte olan Büyük Sıkıntı döneminde imanınızı nasıl koruyacağınızı, kurtuluşunuz için Tanrı'nın hazırladığı son fırsatı nasıl bulacağınızı ve bu yola nasıl yönleneceğinizi bu kitap ve Kutsal Kitap aracılığıyla öğrenmek için geç değildir.

Tanrı'nın Değişmeyen Sevgisi

Tanrı, İsa Mesih aracılığıyla insanların kurtuluşu için takdiri ilahisini gerçekleştirmiştir. Hangi ulus ya da ırktan olursa olsun her kim İsa'yı Kurtarıcısı olarak kabul eder ve Tanrı'nın isteğine göre davranırsa, Tanrı o kişiyi Kendi çocuğu yapmış ve ebedi hayatın keyfine varmasına izin vermiştir.

Peki, İsrail'e ve halkına ne oldu? Pek çokları İsa Mesih'i kabul etmedi ve kurtuluş yolundan uzaklaştı. Rab'bin göklerden indiği ve Tanrı'nın çocukları bulutlar içinde göğe alındığı zamana kadar kurtuluş yolunun İsa Mesih yoluyla olduğunu kavramakta başarısız kalmaları ne yazık!

Öyleyse Tanrı'nın seçilmişleri İsrail'e neler olacak? Tanrı'nın kurtulmuş çocuklarının bulunduğu alay töreninin dışında mı kalacaklar? Sevgi Tanrı'sı, insanlık tarihinin son anında İsrail için hayretlere düşüren planını hazırladı.

Tanrı insan değil ki, Yalan söylesin; İnsan soyundan değil ki, Düşüncesini değiştirsin. O söyler de yapmaz mı? Söz verir de yerine getirmez mi? (Çölde Sayım 23:19)

Dünyanın son günlerinde Tanrı'nın İsrail için planladığı son takdiri ilahisi nedir? Tanrı, seçilmiş halkı İsrail için "arta kalan kurtuluş" yolunu hazırladı ki uzun zamandır yolunu gözledikleri Mesih'in çarmıha gerdikleri İsa olduğunu kavrayarak ve Tanrı'nın huzurunda günahlarından tamamıyla tövbe ederek kurtuluş yoluna girsinler.

Arta Kalan Kurtuluş

Yedi Yıllık Büyük Sıkıntı döneminde, pek çok insanın bulutlar içinde göğe alındığına şahit oldukları ve gerçeği kavradıkları için, yeryüzünde bırakılan bazı insanlar, göksel egemenlikle cehennemin gerçekten var olduğuna, Tanrı'nın yaşadığına ve İsa Mesih'in bizlerin tek Kurtarıcısı olduğuna inanacak ve bunları tüm yürekleriyle kabul edeceklerdir. Dahası, Canavarın İşaretini almamaya çalışacaklardır. Büyük Sevinçten sonra, değişecek, Kutsal Kitap'ta yazılı Tanrı sözünü okuyacak, ibadetlere katılacak ve Tanrı'nın sözüne göre yaşamaya çabalayacaklardır.

Büyük Sıkıntının erken safhalarında, pek çok insan dindar yaşamlar sürdürebilecek ve hatta diğerlerini Hristiyanlığa kazandırabileceklerdir çünkü o zamanlar henüz örgütlenmiş zulümler ortada olmayacaktır. Canavarın İşaretiyle kurtuluşa erişemeyeceklerini çoktan öğrendiklerinden işareti almayacak ve Büyük Sıkıntı döneminde olsalar dahi kurtuluşa sahip olmak için hayatlarını değerli kılmaya çalışacaklardır. Ancak Kutsal Ruh dünyayı terk ettiğinden onlar için imanlarını tutmak gerçekten çok zor olacaktır.

Ayinlere öncülük edecek ve imanlarının artmasına yardım edecek hiç kimse olmadığından pek çokları gözyaşlarına boğulacaktır. Tanrı'nın koruması ve kudreti olmadan imanlarını muhafaza etmek zorunda kalacaklardır. İsa Mesih'i kabul etmeleri, inanç ve imanla dolu hayatlar sürdürmeleri kendilerine öğütlenmiş olmasına rağmen Tanrı'nın sözünün öğretilerini izlemedikleri için yas tutacaklardır. Tanrı'nın gerçek sözünü bulmakta zorlanacakları bu dünyada, her türlü sınama ve zulüm altında imanlarını muhafaza etmek zorunda kalacaklardır.

Bazıları Canavarın İşareti '666' almamak için dağların uzak köşelerinde saklanacaklardır. Canavarın İşareti olmadan hiçbir şey alıp satamadıklarından dolayı yiyecek için bitki kökleri arayacak ve hayvanları öldüreceklerdir. Ancak Büyük Sıkıntının üç buçuk yıl sürecek ikinci yarısında, Mesih karşıtının orduları tamamen ve dikkatlice bu inananların peşine düşecektir. Ne kadar ücra dağlara saklanmış olurlarsa olsun bulunacaklar ve ordu tarafından götürüleceklerdir.

Canavarın hükümeti, Canavarın İşaretini almayanları toplayacak, şiddetli işkenceler yoluyla onları Rab'bi inkâr etmeye ve Canavarın İşaretini almaya zorlayacaktır. Şiddetli acı ve dehşet yüzünden pek çokları teslim olacak ve Canavarın İşaretini almaktan başka çareleri kalmayacaktır.

Ordu onları çıplak olarak duvarlara asacak ve delgiyle bedenlerini delecektir. Baştan aşağı derilerini yüzecek, gözlerinin önünde çocuklarına işkenceler yapacaklardır. Ordunun bu insanların üzerine yağdırdığı işkenceler öylesine zalimce olacaktır ki onların şehitler olarak ölmeleri çok zor olacaktır.

Bu sebeple, insani gücün sınırlarının ötesinde bir irade gücüyle tüm işkencelere katlanabilen az sayıda insan olacak ve şehitler olarak ölen bu insanlar kurtuluşa sahip olarak göklere erişeceklerdir. Böylece bazı insanlar, Mesih karşıtının kontrolü altında olan Büyük Sıkıntı zamanında Rab'lerine ihanet etmeden imanlarını tutarak ve şehitler olarak hayatlarını kurban vererek kurtulabileceklerdir. Buna "arta kalan kurtuluş" denir.

Tanrı'nın seçilmiş halkı İsrail'in arta kalan kurtuluşu için hazırladığı derin sırlar vardır. Bunlar iki tanık ve Petra adıyla anılan yerdir.

İki Tanığın Belirmesi ve Hizmeti

Vahiy 11:3 şöyle der: *"İki tanığıma güç vereceğim; çul giysiler içinde bin iki yüz altmış gün peygamberlik edecekler."* İki Tanık, Tanrı'nın seçilmişleri İsrail'i kurtarmak için çağların çok öncesinde planladığı özel iki kişidir. Onlar İsrail'de ki Yahudilere, İsa Mesih'in Kutsal Kitap'ta peygamberlikle bildirilen tek ve yegâne Mesih olduğuna tanıklık edeceklerdir.

Tanrı, İki Tanık ile ilgili benimle konuştu. Bana pek yaşlı olmadıklarını, doğruluk üzerinde yürüdüklerini ve doğru yüreklere sahip olduklarını açıkladı. İkisinden birinin Tanrı'nın huzurunda ne tip tanıklık yapağını bana bildirdi. Bu kişinin tanıklığı, Yahudiliğe inandığını ama pek çok insanın Kurtarıcı olarak İsa Mesih'e inanıp O'nun hakkında konuştuğunu söyleyecektir. Dolayısıyla doğru ve gerçeği ayırt edebilmesi için Tanrı'dan yardım etmesi için dua etmektedir.

"Ey, Tanrım!

Yüreğimde ki sıkıntı nedir?
Çocukluğumdan bu yana
anne-babamdan duyduğum ve dile getirdiğim
şeylerin hepsinin doğru olduğuna inanıyorum.
Ama yüreğimde ki bu sıkıntı ve suallerde nedir?

Pek çok insan Mesih hakkında konuşuyor.

Ama biri bana
bunlara mı yoksa
gençliğimden bu yana duyduklarıma mı inanmamın doğru olduğunu esin ve net bir kanıtla gösterseydi,
    Sevinç ve minnet içinde olurdum.

Ama hiçbir şey göremiyorum
ve bu insanların konuştuklarını izleyemiyorum.
gençliğimden bu yana muhafaza ettiğim,
tüm bu şeyleri anlamsız ve aptalca görmeliyim.
Gerçekten Senin nazarında doğru olan nedir?

Baba, Tanrı!

Diliyorsan,
bana her şeyi kanıtlayan ve anlayan birini göster.
Bana gelmesini ve
neyin gerçekten değerli ve neyin gerçekten doğru olduğunu
bana öğretmesine izin ver.

Gökyüzüne baktığımda,
yüreğimde bu sıkıntıyı hissediyorum
Ve eğer bu sorunu çözebilecek biri varsa,
bana o kişiyi göster.

Yüreğimden inandığım ve üzerlerinde
tefekküre daldığım her şeye ihanet edemem.
Eğer bana öğretecek ve gösterecek biri olursa,
sadece bana gerçeğin ne olduğunu gösterebilirse,
öğrendiğim ve gördüğüm her şeye
ihanet etmiş olmayacağım.

Bu yüzden, Baba Tanrım!
Bana bunu göster!

Tüm bu şeyleri anlamamı sağla.

Pek çok şeyle ilgili sıkıntıdayım.
Şu ana dek duyduğum her şeyin gerçek olduğuna inanıyorum.

Ama tekrar tekrar üzerlerinde tefekkür ettiğimde,

pek çok soruyla doluyorum ve susuzluğum giderilmiş değil. Neden böyle?

Dolayısıyla sadece tüm bu şeyleri görebilseydim
Ve onlardan emin olsaydım;
Bu güne dek yürümüş olduğum yola
İhanet olmadığından emin olsaydım;
Gerçekten doğrunun ne olduğunu görebilseydim
Ve düşünmekte olduğum her şeyi kavrayabilseydim
Yüreğimde huzuru bulabileceğim."

Yahudi olan bu İki Tanık, çok derinden saf gerçeği aramaktadırlar ve Tanrı onları yanıtlayacak, bir Tanrı adamını onlara gönderecektir. Bu Tanrı adamı sayesinde, Tanrı'nın insanı yetiştirmesinin takdiri ilahisini kavrayacak ve İsa Mesih'i kabul edeceklerdir. Yedi Yıllık Büyük Sıkıntı döneminde bu iki kişi yeryüzünde kalacak ve İsrail'in tövbe etmesi ve kurtuluşu için hizmet edeceklerdir. Onlar, Tanrı'nın özel gücünü alacak ve İsrail'e İsa Mesih'in tanıklığını yapacaklardır.

Tanrı'nın nazarında tamamen kutsallaşmış olarak meydana çıkacak ve Vahiy 11:2 ayetinde yazıldığı gibi, tam 42 ay hizmetlerini sürdüreceklerdir. Bu İki Tanığın İsrail'den çıkmasının sebebi, müjdenin başlangıcının ve sonunun İsrail olmasıdır. Müjde tüm dünyaya elçi Pavlus tarafından duyurulmuştur ve şimdi yine başlama noktası olan İsrail'e dönecek ve böylece müjdenin işleri tamamlanacaktır.

İsa, Elçilerin İşleri 1:8'de şöyle dedi: *"Ama Kutsal Ruh üzerinize inince güç alacaksınız. Yeruşalim'de, bütün Yahudiye ve Samiriye'de ve dünyanın dört bucağında benim tanıklarım olacaksınız."* "Dünyanın dört bucağı" müjdenin son varış noktası olan İsrail'e işaret eder.

İki Tanık, çarmıhın mesajını Yahudilere duyuracak ve Tanrı'nın ateşli gücüyle kurtuluş yolunu onlara açıklayacaklardır. Ayrıca mesajı onaylayacak nitelikte hayretlere düşüren harikalar ve mucizevî belirtiler ortaya koyacaklardır. Gökyüzünü kapatacak güçleri olacaktır ve böylelikle peygamberlikte bulundukları günlerde yağmur yağmayacaktır. Suları kana dönüştürecek güçleri olacak ve diledikleri sıklıkla yeryüzünü bir belayla vurabileceklerdir.

Böylece pek Yahudi Rab'be dönecek ama aynı zamanda bazılarının vicdanları da duyarsızlaşacak ve bu İki Tanığı öldürmeyi deneyeceklerdir. Sadece Yahudiler değil ama ayrıca Mesih karşıtının kontrolü altında olan uluslardan pek çok kötü insanda onlardan ölesiye nefret edecek ve onları öldürmeye çalışacaklardır.

İki Tanığın Şehit Düşmesi ve Dirilişi

İki Tanığın gücü öylesine büyük olacak ki kimse onlara zarar vermeye cüret edemeyecektir. Sonunda ülkenin yetkilileri onları öldürmek için birleşeceklerdir. Ama bu İki Tanığın öldürülmesinin nedeni ülkenin yetkilileri değil ama tayin edilmiş bir zamanda şehit düşmelerini gözeten Tanrı'nın isteğidir. Şehit düşecekleri yer, İsa'nın çarmıha gerildiği yerden başka bir yer olmayacaktır. Bu durum ise onların dirileceğine atıfta bulunur.

İsa çarmıha gerildiğinde, Romalı askerler İsa'nın mezarını, kimse vücudunu mezardan almasın diye korudular. Ama sonradan bedeni görülemedi çünkü Dirilmişti. Bu İki Tanığı infaz etmek isteyen insanlar bunu hatırlayacak ve bedenlerini biri alır endişesi içinde olacaklardır. Dolayısıyla bedenlerinin mezara gömülmesine izin vermeyecek ama tüm dünya insanları onların ölü bedenlerini görebilsin diye anayola sereceklerdir. Bu manzara karşısında vicdanlarına duyarsızlaşmış kötü ruhlu insanlar, müjdeyi duyuran İki Tanığın ölü bedenlerinden dolayından büyük bir sevinç içinde olacaklardır.

Tüm dünya sevinç içinde bunu kutlayacak ve üç buçuk gün boyunca medya, uydular aracılığıyla onların ölüm haberlerini dünyaya duyuracaktır. Üç buçuk günün ertesinde bu İki Tanığın dirilişi vuku bulacak, tekrar canlanacak ve tıpkı İlyas'ın göğe alındığı gibi, görkemin bulutları içinde göğe alınacaklardır. Bu hayretler uyandırıcı sahne, tüm dünyada gösterilecek ve sayısız insan bu sahneyi seyredecektir.

Ve o anda muazzam bir deprem meydana gelecek ve kentin onda biri yıkılacaktır. Bu depremde yedi bin kişi ölecektir. Vahiy 11:3-13 ayeti bunu detaylıca anlatır.

İki tanığıma güç vereceğim; çul giysiler içinde bin iki yüz altmış gün peygamberlik edecekler. Bunlar yeryüzünün Rabbi önünde duran iki zeytin ağacıyla iki kandilliktir. Biri onlara zarar vermeye kalkışırsa, ağızlarından ateş fışkıracak ve düşmanlarını yiyip bitirecek. Onlara zarar vermek isteyen herkesin böyle öldürülmesi gerekir. Peygamberlik ettikleri sürece yağmur yağmasın diye göğü kapamaya yetkileri vardır. Suları kana dönüştürme ve yeryüzünü, kaç kez isterlerse, her türlü belayla vurma yetkisine sahiptirler. Tanıklık görevleri sona erince dipsiz derinliklerden çıkan canavar onlarla savaşacak, onları yenip öldürecek. Cesetleri, simgesel olarak Sodom ve Mısır diye adlandırılan büyük kentin anayoluna serilecek. Onların Rabbi de orada çarmıha gerilmişti. Her halktan, oymaktan, dilden, ulustan insan üç buçuk gün cesetlerini seyredecek, cesetlerinin mezara konulmasına izin vermeyecekler. Yeryüzünde yaşayanlar onların bu durumuna sevinip bayram edecek, birbirlerine armağanlar gönderecekler. Çünkü bu iki peygamber yeryüzünde yaşayanlara çok eziyet etmişti. Üç buçuk gün sonra iki peygamber, Tanrı'dan gelen yaşam soluğunu alınca ayağa kalktılar. Onları görenler dehşete kapıldı. İki peygamber gökten gelen yüksek bir sesin, "Buraya çıkın!" dediğini işittiler. Sonra düşmanlarının gözü önünde bir bulut içinde göğe yükseldiler. Tam o saatte şiddetli bir deprem oldu, kentin onda biri yıkıldı. Depremde yedi bin kişi can verdi. Geriye kalanlar dehşete kapılıp gökteki Tanrı'yı yücelttiler (Vahiy 11:3-13).

Ne kadar inatçı olurlarsa olsunlar, eğer yüreklerinde bir dirhem iyilik varsa, bu büyük depremin, İki Tanığın ölümden dirilip göğe alınmasının Tanrı'nın işi olduğunu kavrayacak ve O'nu yücelteceklerdir. Ve tam iki bin yıl önce Tanrı'nın gücüyle İsa'nın ölümden dirildiği gerçeğini kabul etmek zorunda kalacaklardır. Tüm bu olaylara rağmen, bazı kötü insanlar Tanrı'yı yinede yüceltmeyeceklerdir.

Hepinizi Tanrı'nın sevgisini kabul etmeye davet ediyorum. Son ana kadar Tanrı sizleri kurtarmayı istemekte ve bu İki Tanığı dinlemenizi dilemektedir. İki Tanık, Tanrı'dan geldiklerine Tanrı'nın yüce gücüyle tanıklık edeceklerdir. Pek çok insanı Tanrı'nın onlar için olan sevgisi ve isteği konusunda uyandıracaklardır. Ve kurtuluş için son fırsatı yakalamanız için sizlere rehberlik edeceklerdir.

Sizlerden sizi yıkıma götürecek şeytana ait olan düşmanların yanı başında durmamanızı ama İki Tanığı dinleyerek kurtuluşa ermenizi içtenlikle istiyorum.

Petra: Yahudiler için Sığınak

Tanrı'nın seçilmişleri İsrail için öngördüğü bir diğer sırrı da Yedi Yıllık Büyük Sıkıntı döneminde sığınacakları Petra'dır. Yeşaya 16:1-4 Petra adlı bu yerle ilgili açıklama yapar.

Sela'dan çöl yoluyla Siyon Kenti'nin kurulduğu

dağa, Ülkenin hükümdarına kuzular gönderin. Moavlı kızlar yuvalarından atılmış, Öteye beriye uçuşan kuşlar gibi Arnon Irmağı'nın geçitlerinde dolaşıyor. Bize öğüt ver, bir karar al, Öğle sıcağında gece gibi gölge sal üstümüze. Kovulanları sakla, kaçakları ele verme diyorlar. Kovulanlarım seninle birlikte yaşasın. Kırıp geçirenlere karşı Biz Moavlılar'a sığınak ol. Baskı ve yıkım son bulduğunda, Ülkeyi çiğneyenler yok olduğunda, Sevgiye dayanan bir yönetim kurulacak (Yeşaya 16:1-4).

Moav toprakları, İsrail'in doğusunda ki Ürdün topraklarını işaret eder. Petra, Lut gölüyle Akabe Körfezi arasında yer alan geniş Vadiyi (Arabah Vadisinin) oluşturan dağlar arasında ki bir havzada Hor Dağının eteklerinde bir antik kenttir. Petra genellikle Kutsal Kitap'ın 2. Krallar 14:7 ve Yeşaya 16:1 ayetlerinde yazıldığı gibi anlamı kaya olan Sela ile özdeşleştirilir.

Rab, gökyüzünden inerek tekrar geri geldiğinde, kurtulan insanları alacak ve Yedi Yıllık Düğün Şöleninin keyfini sürecektir. Sonra da bu kurtulan insanlarla yeryüzüne gelerek Bin Yıl onlarla yeryüzünü yönetecektir. Rab'bin İkinci Gelişi olan Büyük Sevinçten yeryüzüne kurtulanlarla geri geleceği 7 yıl boyunca, tüm dünyayı Büyük Sıkıntı dönemi kaplayacak ve Büyük Sıkıntının ikinci yarısı olan üç buçuk yıl – 1260 gün – süresince, İsrail halkı Tanrı'nın planına göre hazırlanan bir yerde saklanacaklardır. Bu saklanma yeri Petra'dır (Vahiy 12:6-14).

Peki Yahudilerin neden bu saklanma yerine gereksinimleri olacaktır?

Tanrı, İsrail halkını seçtikten sonra, İsrail pek çok ulus tarafından saldırıya ve zulme uğradı. Bunun sebebi, her zaman Tanrı'ya karşı gelen şeytanın, İsrail'in Tanrı'dan gelen kutsamaları almasına engel olmayı denemesidir. Aynı şey dünyanın da sonunda tekrarlanacaktır.

Yedi Yıllık Büyük Sıkıntı döneminde, Yahudiler yeryüzüne 2000 yıl önce gelen İsa'nın Mesihleri ve Kurtarıcıları olduğunu kavradığında ve tövbe etmeye çalıştıklarında, şeytan, Yahudilerin imanlarını tutmalarını önlemek için sonuna kadar onlara zulüm edecektir.

Her şeyi bilen Tanrı, Seçilmiş halkı İsrail için, onlara olan sevgisini gözler önüne serecek şekilde bir saklanma yeri hazırlamıştır ve onlar için olan sevgisini de esirgemeyecektir. Bu sevgiye ve Tanrı'nın planına göre, İsrail Petra'ya sığınacaktır.

İsa'nın Matta 24:16 ayetinde, *"Yahudiye'de bulunanlar dağlara kaçsın"* dediği gibi, Yahudiler Yedi Yıllık Büyük Sıkıntı döneminde dağlarda ki saklanma yerlerine kaçabilecek ve imanlarını koruyarak kurtuluşa erişebileceklerdir.

Ölüm meleği Mısır'da tüm ilk doğan çocuklarını canını aldığında, İbraniler hemen gizlice birbirleriyle temasa geçerek aynı beladan, hayvanın kanını evin yan ve üst kapı sövelerine sürerek kaçtılar.

Yine bu şekilde, Yahudiler, Mesih karşıtının güçleri kendilerini tutuklamadan önce gidecekleri veya saklanacakları yerle ilgili hızla birbirleriyle temasa geçeceklerdir. Pek çok evangelist ve hatta inanmayanlar bile sürekli olarak saklanılacak bir yeri dile getirmiş olduklarından Petra'yı bilecek ve fikirlerini değiştirerek bu yeri arayacaklardır.

Bu saklanma yeri, pek çok insanı barındıramayacaktır. Aslında İki Tanık vesilesiyle tövbe etmiş olan pek çok insan, Petra'da saklanamayacak, Büyük Sıkıntı dönemi imanlarını muhafaza edecek ve şehitler olarak öleceklerdir.

İki Tanık ve Petra Yoluyla Tanrı'nın Sevgisi

Sevgili kardeşlerim, Büyük Sevinç esnasında kurtuluş şansını kayıp mı ettiniz? Öyleyse Tanrı'nın lütfu olarak verilen bu son kurtuluş şansı için Petra'ya gitmekten çekinmeyin. Kısa zamanda Mesih karşıtı yüzünden dehşet verici sıkıntılar gelecek. Mesih karşıtının engelleme darbesiyle son lütuf kapısı kapanmadan Petra'da saklanmalısınız.

Petra'ya gidemediniz mi? Öyleyse sizin için tek kurtuluş ve göklere girme yolu, Rab'bi inkâr etmemek ve Canavarın İşareti 666 sayısını almamaktır. Her türlü dehşete düşüren işkencelerin üstesinden gelmeli ve şehitler olarak ölmelisiniz. Bu hiçte kolay değildir ama ateş gölünde ki ebedi işkencelerden kaçabilmek için bunu yapmak zorundasınız.

Sürekli olarak Tanrı'nın değişmeyen sevgisini hatırlayarak kurtuluş yolundan sapmamanızı ve cesurca her şeyin üstesinden gelmenizi tüm içtenliğimle sizin için diliyorum. Mesih karşıtının üzerinize yüklediği her çeşit akıl çelme ve zulümlere karşı mücadele verirken ve savaşırken, biz imanda ki kardeşleriniz sizlerin zaferi için dua edeceğiz.

Ancak bizlerin gerçek arzusu, tüm bu şeyler olmadan önce sizlerin İsa Mesih'i kabul etmesi, bizlerle bulutlar içinde göğe alınması ve Rab'bimiz tekrar geldiğinde Düğün Şölenine girebilmesidir. Bizler hiç durmadan, atalarınızın imanın eylemlerini, onlarla yaptığı antlaşmaları Tanrı hatırlasın ve bir kez daha sizlere büyük kurtuluş lütfunu versin diye sevginin gözyaşları içinde dua ediyoruz

Yüce sevgisiyle Tanrı, sizler İsa Mesih'i Mesih ve Kurtarıcı olarak kabul edesiniz ve kurtuluşa erişesiniz diye İki Tanığı ve Petra'yı hazırladı. İnsanlık tarihinin son anına kadar sizlerden asla vazgeçmeyecek olan Tanrı'nın değişmez sevgisini hatırınızda tutmaya davet ediyorum.

Gelmekte olan Büyük Sıkıntıya hazırlamak üzere göndereceği İki Tanıktan önce, sevgi Tanrı'sı sizlere bir Tanrı adamı gönderdi, onun sizlere dünyanın sonunda neler olacağını anlatmasını ve sizleri kurtuluş yoluna taşımasını sağladı. Tanrı, bir tanenizin bile Yedi yıllık Büyük Sıkıntı döneminin ortasında kalmasını istemiyor. Büyük Sevinç sonrası yeryüzünde kalmanız gerekiyorsa bile, sizlerden kurtuluşa çıkan son fırsatı kavramanızı ve ona tutunmanızı arzuluyor. Bu, Tanrı'nın yüce sevgisidir.

Yedi Yıllık Büyük Sıkıntı döneminin başlaması için uzun bir

zaman yoktur. Tüm insanlık tarihinin bu en büyük eşi benzeri görülmemiş sıkıntısında, Tanrı'mız siz İsrail için sevgiyle dolu planını tamamlayacaktır. İnsanlığın yetiştirilme süreci de, İsrail tarihiyle birlikte tamamlanmış olacaktır.

Farz edin ki Yahudiler Tanrı'nın gerçek isteğini anlamış ve İsa'yı Kurtarıcı olarak hemen kabul etmiş olsunlar. Böyle bir durumda Kutsal Kitap'ta yazılan İsrail tarihinin düzeltilmesi ve sil baştan yazılması gerekseydi bile Tanrı bunu seve seve yapmaya hazır olurdu. Çünkü Tanrı'nın İsrail için olan sevgisi hayallerin çok ötesindedir.

Ama pek çok Yahudi, kendi yollarında yürüdü ve o kritik ana dek kendi yollarında yürümekte ve yürüyeceklerdir. Gelecekte olacak her şeyi bilen kudretli Tanrı, kurtuluşunuz için son şansı nasip etti ve sizi Değişmeyen sevgisiyle yönlendirmektedir.

RAB'bin büyük ve korkunç günü gelmeden önce size Peygamber İlyas'ı göndereceğim. O babaların yüreklerini çocuklarına, çocukların yüreklerini babalarına döndürecek. Öyle ki, gelip ülkeyi lanetleyerek yok etmeyeyim (Malaki 4:5-6).

Sadece İsrail'i değil ama tüm ulusların halklarını sonsuz sevgisiyle kurtuluş yoluna yönlendiren Tanrı'ya şükran ve övgülerimi sunuyorum.

Yazar:
Dr. Jaerock Lee

Dr. Jaerock Lee, 1943 yılında Kore Cumhuriyeti'nin Jeonnam eyaletine bağlı Muan'da doğdu. Yirmili yaşlarında yedi yıl süren ve tedavisi mümkün olmayan birçok hastalıktan dolayı ıstırap çekti ve iyileşme umudu olmadan ölümü bekledi. Fakat 1947 yılının bir bahar günü kız kardeşi tarafından bir kiliseye götürüldü ve orada dizlerinin üzerine dua etmek için çöktüğünde, Yaşayan Tanrı onu tüm hastalıklarından bir anda iyileştirdi.

Dr. Lee, bu olağanüstü tecrübenin akabinde karşılaştığı Yaşayan Tanrı'yı o andan itibaren tüm kalbi ve samimiyetiyle sevdi ve 1978 yılında Tanrı'ya hizmet için göreve çağrıldı. Tanrı'nın isteğini tüm berraklığıyla anlayabilmek, bütünüyle başarmak ve Tanrı'nın sözüne itaat etmek için oruçlarla kendini adayarak dua etti. 1982 senesinde Seul, Kore'de Manmin kilisesini kurdu ve bu kilisede mucizevî şifalar, belirti ve harikalar gibi Tanrı'nın sayısız işleri meydana gelmektedir.

Dr. Lee, 1986 yılında Kore Sungkyul kilisesinin Senelik İsa kurultayında papazlığa atandı ve bundan dört yıl sonra vaazları Avustralya, ABD, Rusya, Filipinler ve daha pek çok yerde Uzakdoğu Radyo Yayın şirketi, Asya Radyo istasyonu ve Washington Hristiyan Radyo Sistem yayıncılık şirketleri tarafından yayınlanmaya başlandı.

1993 yılına gelindiğinde Manmin Kilisesi Hrıstiyan Dünya dergisi (ABD) tarafından Dünyanın ilk 50 kilisesinden biri seçildi ve Dr. Lee, Florida, ABD'de bulunan Christian Faith üniversitesi ilahiyat fakültesinden fahri doktora derecesini aldı. 1996 yılında ise Iowa, ABD Kingsway Theological Seminary'de papazlık üzerine doktorasını yaptı. 1993 yılından beri Dr. Lee, Tanzanya, Arjantin, Los Angeles, Baltimore City, Hawaii, New York City, Uganda, Japonya, Pakistan, Kenya, Filipinler, Honduras, Hindistan, Rusya, Almanya, Peru, Kongo Demokratik Cumhuriyeti, İsrail ve Estonya olmak üzere pek çok uluslararası misyonerlik faaliyetleriyle dünya evangelizasyonda başı çekmektedir.

2002 yılında yurtdışında yapmış olduğu güçlü misyonerlik çalışmalarıyla Kore'nin önde gelen Hrıstiyan gazeteleri tarafından "Dünya Çapında Halkları Dirilten Vaiz" olarak adlandırılmıştır. Özellikle dünyanın en ünlü arenası olan Madison Square Garden'da yapılan "2006 New York Seferi", 220 ülkede gösterilmiştir. Kudüs Uluslar arası Kongre Merkezi'nde gerçekleşen "2009 Birleşmiş İsrail Seferi"nde cesurca İsa'nın Mesih ve Kurtarıcı olduğunu ilan etmiştir. GCN TV'de olmak üzere vaazı uydular aracılığıyla 176 ülkede yayınlanmaktadır. Rusya'nın en popüler Hrıstiyan dergisi In Victory tarafından 2009 ve 2010 yıllarında en etkili on Hrıstiyan Liderinden biri seçilmiştir. Aynı şekilde güçlü TV yayınları ve yurtdışı kilise faaliyetleriyle Christian Telegraph tarafından da en etkili lider olarak seçilmiştir.

2014 Temmuz ayı itibarıyla Manmin Merkez Kilisesinin 120,000'den fazla üyesi bulunmaktadır. 54 tanesi Kore'de olmak üzere dünya çapında 10,000 adet kilisesi vardır ve içlerinde ABD, Rusya, Almanya, Kanada, Japonya, Çin, Fransa, Hindistan, Kenya ve daha fazlası olmak üzere 23 ülkede 129'dan fazla misyoneri görev yapmaktadır.

Bu kitabın yayınlanmasına kadar geçen sürede Dr.Lee, en çok satan Ölümden Önce Sonsuz Yaşamı Tatma, İmanım ve Hayatım I & II, Çarmıhın Mesajı, İmanın Ölçüsü, Göksel Egemenlik I & II ve Tanrı'nın Gücü kitapları yanında 88 kitap yazmıştır. Kitapları 76'den fazla dile çevrilmiştir.

Dini makaleleri The Hankook Ilbo, The JoongAng Daily, The Chosun Ilbo, The Dong-A Ilbo, The Munhwa Ilbo, The Seoul Shinmun, The Kyunghyang Shinmun, The Hankyoreh Shinmun, The Korea Economic Daily, The Korea Herald, The Shisa News ve The Christian Pres medyalarında yayınlanmaktadır.

Dr. Lee şu anda birçok misyonerlik kuruluşunun ve derneğinin kurucusu ve başkanıdır. Bunlardan bazıları şunlardır: İsa Mesih'in Birleşmiş Kutsallık Kilisesi (The United Holiness Church of Jesus Christ) Başkanı; Manmin Dünya Misyon Başkanı (Manmin World Mission); Dünya Hrıstiyanlığı Diriliş Misyonu Derneği (The World Christianity Revival Mission Association) Daimi Başkanı; Global Hrıstiyan Network (GCB-Global Christian Network) Kurucusu ve Yönetim Kurulu Başkanı; Dünya Hrıstiyan Doktorları (WCDN-The World Christan Doctors Network) Kurucusu ve Yönetim Kurulu Başkanı; Manmin Uluslararası İlahiyat Okulu (MIS-Manmin International Seminary) Kurucusu ve Yönetim Kurulu Başkanı.

Aynı Yazar Tarafından Yazılmış Diğer Etkili Kitaplar

Göksel Egemenlik I & II

Göksel ahalinin keyfine vardığı muhteşem güzellikte ki yaşama ortamının detaylı bir taslağı ve göksel egemenliğin farklı katlarının güzel bir açıklaması.

Çarmıhın Mesajı

Ruhani uykuda olan tüm insanların uyanmasını sağlayan güçlü bir mesaj! Bu kitapta İsa'nın niçin tek Kurtarıcı olduğunu ve Tanrı'nın gerçek sevgisini keşfedeceksiniz.

Cehennem

Tek bir canın bile cehennemin derinliklerine düşmesini arzu etmeyen Tanrı'dan tüm insanlığa içten bir mesaj! Aşağı ölüler diyarı ve cehennemin daha önce hiç açıklanmamış acımasız gerçeğini keşfedeceksiniz.

Ruh, Can ve Beden I & II

Ruh, can ve beden hakkında ruhani kavrayışa sahip olmamızı ve nasıl bir özden yaratıldığımızı keşfetmemizi sağlayan bu rehber kitap sayesinde karanlığı yenilgiye uğratmak ve ruhun insanına dönüşmek için güce sahip olabiliriz.

İmanın Ölçüsü

Sizin için gökler nasıl bir yer, ne tip bir taç ve ödül hazırlandı? Bu kitap sizlere imanınızı ölçebilmeniz ve en iyi ve en olgun imana sahip olabilmeniz için bilgi ve rehberlik sağlar.

Uyan İsrail

Niçin dünyanın başından günümüze kadar Tanrı gözlerini srail'den ayırmamıştır? Tanrı bu son günlerde İsrail için nasıl bir takdiri ilahi hazırlamıştır? Bu kitap, Mesih ile İsrail arasında ki ilişkiye ve Tanrı'nın İsrail için planladıklarına ışık tutar.

Hayatım ve İmanım I & II

Karanlık dalgalar, evlilik sorunları ve derin çaresizliklerle geçen yaşamı, Tanrı'nın sevgisiyle tekrar doğan ve okuyucularına hoş kokulu ruhani aroma yayan Dr. Jaerock Lee'nin otobiyografisi.

Tanrı'nın Gücü

Bir kişinin gerçek imana sahip olması ve Tanrı'nın olağanüstü gücünü deneyim etmesinde temel kılavuz görevi gören ve mutlaka okunması gereken bir kitap.

www.urimbooks.com

www.ingramcontent.com/pod-product-compliance
Lightning Source LLC
LaVergne TN
LVHW041811060526
838201LV00046B/1213